DIGITAL COMMERCE

中国数字商务
发展报告（2021）

ANNUAL REPORT ON THE DEVELOPMENT OF
DIGITAL COMMERCE IN CHINA（2021）

王开前·主编

贾国勇 付诚 杨杰 王静·副主编

李正波 李鸣涛·执行主编

社会科学文献出版社
SOCIAL SCIENCES ACADEMIC PRESS (CHINA)

《中国数字商务发展报告2021》
编委会

序

　　习近平总书记指出，我们迎来了世界新一轮科技革命和产业变革同我国转变发展方式的历史性交汇期，既面临着千载难逢的历史机遇，又面临着差距拉大的严峻挑战。以习近平同志为核心的党中央审时度势、精心谋划、超前布局、力争主动，准确把握国际国内大势，深刻研判机遇挑战变化，正确认识中国新发展阶段、新历史任务、新环境条件，推动我国数字经济在规模上实现飞跃式发展，数字经济成为实现创新发展的重要动能，部分领域开创"领跑"局面，不仅帮助我国自身经济发展、实现疫情下的逆势增长，同时也助力全球经济复苏，引起国际社会广泛关注。

　　数字商务是数字经济在商务领域的具体体现，也是数字经济最活跃、最集中的表现形式。我国拥有全球最大的电子商务市场，消费市场规模和对外贸易规模也位居世界前列。加快数字商务建设，是服务构建新发展格局的重要抓手，是推动商务高质量发展的必然要求，更是塑造国际竞争新优势的关键举措。深入研究分析数字商务发展的内外部环境和机理机制，了解数字商务发展特征，跟踪数字商务发展脉络，把握数字商务发展趋势，引导和推动商务领域企业数字化转型，提升商务领域数字化水平，将有助于数字经济发展和商务高质量发展。

为进一步了解数字商务发展的时代背景、核心内涵、重大意义，充分把握数字商务建设发展现状、主要特征、机遇挑战，从典型案例中汲取经验、获得启发，共同推动商务高质量发展，中国国际电子商务中心在成立 25 周年之际，首次组织编写了《中国数字商务发展报告》。该报告由总论篇、现状篇、发展篇、专题篇、案例篇五部分组成，通过大量的统计数据、生动的实践案例，宏观反映和阐述我国数字商务的发展情况，剖析典型特征，展望未来发展，并对流通领域超市、专业市场、餐饮外卖、百货、便利店以及贸易领域货物贸易、服务贸易、跨境电商等的数字化发展情况进行专题介绍和描述。

希望该报告可以在推动流通数字化能力建设、提升贸易数字化水平方面凝聚更多共识，形成更大合力，奋力推动"十四五"时期商务高质量发展，为全面建设社会主义现代化国家开好局、起好步做出新贡献。

是为序。

目　录

前　言

习近平总书记指出："我们要乘势而上，加快数字经济、数字社会、数字政府建设，推动各领域数字化优化升级，积极参与数字货币、数字税等国际规则制定，塑造新的竞争优势。"20 多年来，我国数字经济经历了萌芽期、发展期，逐步进入成熟期，信息技术快速发展，基于互联网的模式创新不断涌现，各行各业受数字化影响之大、规模之广、程度之深前所未有，以电子商务为代表的新模式新业态正在推动商务领域发生深刻变化，特别是新冠肺炎疫情发生后，传统企业纷纷开始思考数字化转型，商务领域产业数字化的步伐将进一步加快。

中国国际电子商务中心成立 25 年来，始终坚持"服务商务中心工作、服务地方商务管理、服务商务企业发展"，致力于推动我国电子政务和电子商务的发展和建设。在构建"以国内大循环为主体、国内国际双循环相互促进的新发展格局"的大背景下，为及时梳理、总结我国商务领域数字化发展进程，大力推进数字商务建设，中国国际电子商务中心特组织编撰《中国数字商务发展报告》，希望以此抛砖引玉，引发更多的共鸣、思考与探讨。

在报告撰写过程中，引用了中国人民银行、中华人民共和国海关总署、国家统计局、国家邮政局等部门发布的相关政策和数据，参考了国家信息中心、中国互联网络信息中心、商务部国际贸易经济合作研究院、商务部流通产业促进中心、中国信通院、清华大学、美团研究院、阿里研究院、腾讯研究院、京东大数据研究院、第一财经商业数据中心以及毕马威、埃森哲、普华永道、德勤等国内外机构的数据与研究资料，实地调研多点生活（中国）网络科技有限公司、中建材信息技术股份有限公司、中国物流与采购联合会、柒—拾壹（北京）有限公司、北京京客隆商业集团股份有限公司、中国免税品（集团）有限责任公司、北京超市发连锁股份有限公司等企业。同时，听取并吸纳了中国社会科学院财经战略研究院流通产业研究室主任依绍华，中央财经大学中国互联网经济研究院副院长欧阳日辉，首都流通业研究基地执行副主任郭馨梅，中国商业经济学会副会长、中国人民大学商学院副教授王强，商务部国际贸易经济合作研究院信用研究所副所长、研究员王惠敏等对本书的宝贵意见。在此，中国国际电子商务中心向上述单位、专家表示诚挚的感谢！

由于客观原因限制，本报告在一些方面尚有不足，难免有不当之处，敬请读者批评指正。

第一章
总论篇

一 数字商务的核心要义

数字经济是当今创新最活跃、最富活力的领域，大数据、人工智能、区块链、量子计算等数字技术不断迭代演进，成为数字中国创新发展的不竭动力。数字经济发展正加速推动经济社会形态发展演变和各领域运行模式变革，加快推进生产方式变革、生产关系变革、制造模式变革、组织方式变革及生活方式巨变。党的十八大以来，以习近平同志为核心的党中央放眼未来、顺应大势，提出数字中国战略。2015 年，习近平总书记在第二届世界互联网大会开幕式上强调，"中国正在实施'互联网＋'行动计划，推进'数字中国'建设"。2017 年，建设"数字中国"写入党的十九大报告。2017 年 12 月 8 日，习近平总书记在主持中共中央政治局第二次集体学习时强调，"大数据发展日新月异，我们应该审时度势、精心谋划、超前布局、力争主动"，"要构建以数据为关键要素的数字经济"。2018 年 4 月，习近平总书记在全国网络安全和信息化工作会议上强调："要发展数字经济，加快推动数字产业化，依靠信息技术创新驱动，不断催生新产业新业态新模式，用新动能推动新发展。"习近平总书记在致首届数字中国建设峰会的贺信中强调，加快数字中国建设，就是要适应我国发展新的历史方位，全面贯彻新发展理念，以信息化培育新动能，用新动能推动新发展，以新发展创造新辉煌。党的十九届四中全会首次提出将数据作为生产要素参与分配。2019年10月，习近平总书记在致2019中国国际数字经济博览会的贺信中指出，"当今世界，科技革命和产业变革日新月异，数字经济蓬勃发展，深刻改变着人类生产生活方式，对各国经济社会发展、全球治理体系、人类文明进程影响深远"，"中国高度重视发展数字经济，在创新、协调、绿色、开放、共享的新发展理念指引下，中国正积极推进数字产业化、产业数字化，引导数字经济和实体经济深度融合，推动经济高质量发展"。2020年4月，中共中央、国务院发布《关于构建更加完善的要素市场化配置体制机制的意见》，将数据作为与土地、劳动力、资本、技术并列的生产要素，要求"加快培育数据要素市场"。2020年9月，中国国际服务贸易交易会全球服务贸易峰会开幕之际，习近平总书记在致辞中提议"要顺应数字化、网络化、智能化发展趋势，共同致力于消除'数字鸿沟'"。党的十九届五中全会提出，加快数字化发展，坚定不移建设数字中国。《中华人民共和国国民经济和社会发展第十四个五年规划和2035年远景目标纲要》提出，加快数字化发展，建设数字中国；加快建设数字经济、数字社会、数字政府，以数字化转型整体驱动生产方式、生活方式和治理方式变革。

科技是每一次产业革命的引擎，数字科技与信息技术、互联网技术相比，包含着时空大数据、深度强化学习、3D计算机视觉、自然语言处理、智能芯片、传感技术、边缘计算、共识算法等一系列前沿科技。近年来，数字科技技术持续发展，产业数据价值的挖掘速度和质量不断跃升，数字科技的内涵和外延不断丰富，数字化服务愈加广泛地应用于科技与实体产业的结合。

不同国家、产业、机构、企业对数字化发展的理解和定义有所不同。德国提出的工业4.0（Industry 4.0），是指通过互联网等通信网络将工厂内外的事务和服务连接起来，依托数字化的智能制造等创造前所未有的价值，构建新的商业模式；欧盟委员会认为，恰当地使用数字技术将使企业和民众在多方面受益，未来数字化转型将致力于让技术为人服务、打造公平和有竞争力的经济环境，以及构建开放、民主、可持续发展的社会。德勤认为，真正的数字化转型通常会对企业的战略、人才、商业模式乃至组织方式产生深远影响。工业4.0既扩大了数字化转型的可能性，又提升了其对组织的重要性。它联系并结合了人工智能、物联网、增材制造、机器人、云计算等数字技术和物理技术，旨在帮助企业做出更明智的决策，朝着更灵活、更迅速、更互联互通的方向发展。国务院发展研究中心将数字化转型定义为利用新一代信息技术，构建数据的采集、传输、存储、处理和反馈的闭环，打通不同层级与不同行业间的数据壁垒，提高行业整体的运行效率，构建全新的数字经济体系。华为认为，数字化生产是以数据为处理对象，以平台为生产工具，以软件为载体，以服务为目的的一个生产过程。数字技术和数字平台有可能使企业在产品、体验和成本三个要素上同时做到最优。京东认为，数字化转型就是利用大数据分析、人工智能等先进技术手段，实现数据驱动业务、流程和经营决策，不断推动企业生产、经营、服务业态的变革。

不难看出，随着技术迅速迭代发展，数字化的概念与界定不断演变，且与当下以及未来短期内的基础设施建设紧密相连。以往数字化多应用于中后台战略与管理，使用办公电脑及其配套设备存储和处理数据，并依赖固定互联网宽带传输、使用数据。如今，通信网络技术升级普及速度之快前所未有，数据和信息已经越来越多地由接入移动互联网络的任一可产生并处理数据的智能设备获取，生产、分配、流通、消费各个环节中流通与消费环节的海量数据进入决策分析过程，在很大程度上改变了人们传统上对经济增长及未来走势的判断策略。另外，当今世界正经历百年未有之大变局，新一轮科技革命和产业变革深入发展，不仅需要深刻理解风险挑战，认识把握发展规律，保持战略定力，更应坚持系统观念，加强前瞻性思考、全局性谋划、战略性布局、整体性推进，建立长期价值主义思维，坚定理想信念，树立远大追求和宏大格局。

商务领域涵盖流通、贸易、投资、经济合作等方面，涉及面广、覆盖行业多、区域分布复杂，既站在服务百姓民生的最前沿，又屹立于稳定大国经济的第一线。近年来，数字科技在商务领域广泛应用，新业态新模式不断涌现，新动能新引擎逐步增强，对建设强大的国内市场和构建国内国际双循环意义重大。数字商务、流通领域数字化和贸易领域数字化将是数字经济在商务领域的具体表现。数字时代如何加强数字化发展与商务发展的深度融合，推动形成强大的国内市场和更高水平的对外开放，加快商务高质量发展及经贸强国建设，是亟待深入探索与研究提炼的。结合前述研究及调查实践，本书综合认为，数字商务是以数据要素为关键资源，利用数字技术创新畅通生产、分配、流通、消费各环节，释放适应数字生产力消费潜力的一系列商务经济活动。

本书分析的数字商务内容主要包括两部分：流通领域数字化和贸易领域数字化。并分别对超市、百货、便利店、新零售、专业市场、餐饮外卖等流通领域的数字化发展情况，以及货物贸易、服务贸易、跨境电商等贸易领域的数字化发展情况进行专题介绍和描述。

二 数字商务的发展背景

（一）数字经济成为培育经济增长新动能

近年来，我国数字经济保持快速增长，质量效益明显提升，发展再上新台阶，日渐成为继农业经济和工业经济之后新的经济形态，是国家核心竞争力的重要组成部分。联合国贸易和发展会议《2019 年数字经济报告》指出，根据定义的不同，数字经济规模估计占世界国内生产总值的 4.5% ~ 15.5%。① 中国信息通信研究院数据显示，2019 年我国数字经济增加值规模达 35.8 万亿元，占国内

---

① 《联合国｜2019 年数字经济报告（中文版）》，网易号，https：//www.163.com/dy/article/EOSFRPV30518KCLG.html，2019 年 9 月 12 日。

生产总值（GDP）的比重达 36.2%，对 GDP 增长的贡献率为 67.7%，显著高于农业、工业和服务业。[①] 数字经济结构持续优化升级，2019 年产业数字化增加值占数字经济的比重达 80.2%，在数字经济发展中的主引擎地位进一步巩固，向高质量发展迈出新步伐。数字技术已作为新一轮技术革命和产业变革的重点方向，推动数字技术创新应用，推进数字经济与实体经济融合发展，促进传统产业数字化转型，将为培育经济增长新动能提供重要引擎。数字经济无论是对我国还是对世界发展都变得日益重要。

（二）数字复苏积极应对新冠肺炎疫情新挑战

面对突如其来的新冠肺炎疫情，数字化转型起步早、程度高的企业受到冲击相对较小，有的甚至实现逆势发展。传统企业受到影响相对较大，以餐饮、零售、酒店、旅游等为代表的线下消费大幅下滑，制造业、农业等行业企业受用工短缺、供应链中断、防疫物资缺乏等影响，面临招工难、复产难、订单延迟等问题，特别是中小微企业，在外部环境剧烈变化影响下处境艰难。疫情冲击之下，以数字技术为基础的新产业、新业态、新模式异军突起，成为对冲经济下行压力的"稳定器"，展现出强大的抗冲击能力和发展韧性，在维持消费、保障就业、稳定市场、提振经济等方面发挥了积极作用，并仍存在较大发展潜力。"数字复苏"的功能正从应对疫

---

① 中国信息通信研究院：《全球数字经济新图景（2020 年）——大变局下的可持续发展新动能》，中国信通院网站，http：//www.caict.ac.cn/kxyj/qwfb/bps/202010/t20201014_ 359826.htm，2020 年 10 月。

情冲击逐步演变为推动转变发展方式、优化经济结构、转换增长动力，有望进一步推动产业变革，拓展生产边界，突破经济增长结构性减速，为经济发展拓展新空间。

（三）数字经济成为参与全球竞争新优势

中国信息通信研究院数据显示，从单个国家数字经济规模看，美国走在世界前列，2019 年达 13.1 万亿美元。中国居第二位，德国、日本、英国分别居第三位至第五位。排名前五的国家数字经济规模占 47 个经济体数字经济总量的 78.1%。德国、英国、美国数字经济占 GDP 的比重分别为 63.4%、62.3%、61%。[①] 当前全球城市层面的数字经济竞争力格局中，美国占据绝对优势地位，欧洲发达国家在城市创新竞争力与人才竞争力方面实力雄厚，亚洲新兴经济体国家的城市在经济和基础设施竞争力方面以后来者居上为主要特征。专家测算，2019 年数字经济对我国经济的直接贡献为 6.6%，对经济的间接影响达到 11%，成为经济增长的重要助推器。[②] 在疫情冲击下，世界主要国家意识到发展数字经济的重要性和紧迫性，对信息技术的投入和政策支持力度明显加大，数字经济成为引领新时期经济发展的重要力量，也成为国际竞争的新战场。

---

① 中国信息通信研究院：《全球数字经济新图景（2020 年）——大变局下的可持续发展新动能》，中国信通院网站，http://www.caict.ac.cn/kxyj/qwfb/bps/202010/t20201014_ 359826. htm，2020 年 10 月。

② 王振、惠志斌：《全球数字经济竞争力发展报告（2019）》，社会科学文献出版社，2019，第 31 页。

（四）数字技术引领实现关键技术新突破

数字经济是当前全球研发投入最集中、创新最活跃、应用最广泛、辐射带动作用最大的领域，这离不开关键技术攻关能力和关键技术产业化能力的提升。代表数据流的全球互联网协议（IP）流量从1992年的每天约100千兆字节（GB）增长到2017年的每秒45000千兆字节。伴随计算能力的发展和提升，模型、算法的突破和深入，5G、物联网、人工智能、区块链、云计算、大数据（5IABCD）和所有基于互联网服务的基础设施建设，以及数据控制技术变革大步向前，数字经济成为引领未来经济的新引擎，开辟了无限可能的创新领域。分布式、微服务、云原生从架构和功能方面夯实数字化转型基础，"无接触""嵌入式""场景融合"等创新服务模式不断涌现，广义上的数字经济离不开数字技术的支撑，新的经济形态依靠新技术来支撑，把握关键技术是数字经济时代推动数字化转型、建立数字经济新优势的重要突破口，新技术的掌握和应用更成为承接挑战的核心，进一步凸显了科技的重要性，以及科技与实体产业深度融合的必要性。

（五）数字商务积极开创商务发展新局面

商务工作在构建新发展格局中处于十分重要的位置，无论是畅通国内大循环，还是促进国内国际双循环，都要求商务领域各主体积极创新思路、谋划务实举措、展现更大作为。随着先进的信息技术与商务经济活动、政府监管服务深度融合，数字商务逐步形成以数据驱动为核心、以互联网平台为支撑、以产业融合为主线的数字化、网络化、智能化、融合化发展模式。商务领域不断催生出组织变革、内容创新、效率提升、监管优化等发展新形态，有效提升了我国商务活动的质量和效益，提升了商务管理和公共服务的能力和效率，既使消费者、企业、政府管理部门等各类主体都享受到数字经济发展的红利，又通过转变经济发展动力和方式，带动我国经济社会发展产生质的飞跃。数字商务发展是数字经济在商务领域的具体体现，也是数字经济最活跃、最集中的表现形式，必将成为商务发展的新趋势。

三 数字商务的发展意义

与传统经济不同，世界银行的《2016年世界发展报告：数字红利》指出：数字经济能够促进信息包容、提高交易效率、推动模式创新。通过数字经济，我们可以享受到经济增长、扩大就业、改善服务等红利。数字商务发展，对推动商务事业质量变革、效率变革、动力变革，更好实现高质量发展，具有重要意义。

首先，数字商务发展将促进数字技术在商业领域的应用，以互联网、大数据、云计算、区块链等为代表的现代信息技术，将推动商业活动各环节实现数字信息交互联通，激活传统商业要素"沉睡"价值，实现精细管理和精准服务，并不断培育新业态新模式。

其次，数字商务发展将提高政府公共服务和管理水平。数字技术广泛应用于政府管理服务，汇集形成商务大数据，有助于政府准确把握区域、行业商业发展情况，推动治理流程再造和模式优化，不断提高决策科学性和服务效率。

最后，数字商务发展将提升我国商务的国际竞争力。数字与外贸、外资等相结合，发挥数据要素资源潜能，是实行高水平对外开放的重要抓手，将显著提高我国商务全球发展的便利性与流动性水平，进一步扩大国际影响力，并促进全球数字商务发展。

数字商务发展是一项庞大复杂的系统工程，包含诸多环节与要素，涉及多领域多部门，必须坚持系统观念，加强顶层规划，找准数字商务在服务和构建新发展格局中的定位，形成发展的有效路径，在全方位推动商务高质量发展上取得新成效。

第二章
现状篇

一 当前我国数字商务发展的总体情况

伴随数字经济持续高速发展，一个包括收集数据、洞察数据、存储数据、分析和建模的全新"数据价值链"已经形成。数据转化为数字智能并通过商业用途货币化创造价值，使各方聚集在一起交叉互联，推动社会经济发展。中国信息通信研究院数据显示，2019 年全球服务业、工业、农业数字经济渗透率分别为 39.4%、23.5%、7.5%，发展数字经济是各国推动经济尽快复苏的关键举措，已成为世界经济增长的潜力所在。

近年来，我国互联网快速发展和普及，日趋完备的网络基础设施、庞大的网民规模和丰富全面的互联网应用，为数字经济发展提供了良好的消费市场基础、坚实的用户基础和磅礴的创新动力。工业和信息化部数据显示，2019 年底我国固定宽带家庭普及率、移动宽带用户普及率分别达到 91%、96%；千兆光纤覆盖家庭超过8000 万户，4G 用户超过 12 亿，5G 网络实现所有地级以上城市全覆盖。① 《中国互联网络发展状况统计报告》显示，截至 2020 年 12 月，我国网民规模为 9.89 亿，互联网普及率达 70.4%，我国网民总体规模已占全球网民的 1/5 左右。② 电子商务作为数字经济在商务领域的具体表现，起到了引领作用；在数字化和疫情的双重作用下，传统商务企业数字化转型处于起步探索期；在跨境电商、智能通关的带动下，贸易数字化持续发力，正成为新的增长优势。

（一）电子商务引领数字商务发展作用明显

习近平总书记强调："我国网络购物、移动支付、共享经济等数字经济新业态新模式蓬勃发展，走在了世界前列。"与消费连接的电商平台快速发展，满足消费的应用场景不断创新呈现，对促进流通领域变革、推动消费升级加速等起到积极作用。电子商务市场交易规模逐年扩大，由高速增长进入平稳发展期，对流通业发展的带动作用明显。国家统计局数据显示，2020 年，全国电子商务交易额达 37.21 万亿元，约为"十二五"末的 1.7 倍，"十三五"期间年均增长 11.2%（见图 2-1），比"十二五"放缓 25.6 个百分点，高于批发和零售业商品销售额增速。

电子商务在零售领域的快速扩张，助推了零售行业的变革和创

---

① 《国新办举行"十三五"工业通信业发展成就新闻发布会》，国新网，http：//www.scio.gov.cn/xwfbh/xwbfbh/wqfbh/42311/44045/index.htm，2020 年 10 月 23 日。

② 《第 47 次〈中国互联网络发展状况统计报告〉》，国家互联网信息办公室网站，http：//www.cac.gov.cn/2021-02/03/c_1613923423079314.htm，2021 年 2 月。

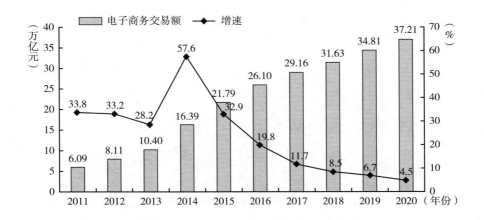

图 2 - 1 2011 ~ 2020 年全国电子商务交易额及增速

资料来源：国家统计局。

新。随着无接触配送、直播带货以及在线教育、在线医疗、在线文娱等新型消费的快速发展，网络零售市场快速增长，对消费的带动作用持续增强。同时传统商业企业加快数字化转型，大力发展送货到家、网上订餐等业务，线上线下加快融合。国家统计局数据显示，2020 年，全国网上零售额达 11.76 万亿元，同比增长 10.9%（见图 2 - 2）。其中，实物商品网上零售额 9.76 万亿元，同比增长 14.8%，占社会消费品零售总额的比重接近 1/4，比上年和 2015 年分别提高 4.2 个和 14.1 个百分点。我国已连续 8 年成为全球第一大网络零售市场。

同时，在电子商务进农村、深化农商协作、完善农村物流网点建设、促进双向流通建设等一系列政策作用带动下，农村电商积极探索发展，创新了农村流通服务体系，促进了农村数字经济发展。商务大数据监测显示，2020 年，全国农村网络零售额达 1.79 万亿

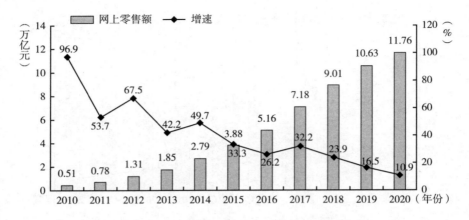

图 2 - 2 2010 ～ 2020 年全国网上零售额及增速

资料来源：国家统计局。

元，同比增长 8.9%（见图 2 - 3），是"十二五"末的 5.2 倍；建成县级服务和物流配送中心 2100 多个、乡村服务站点超 14 万个，助推工业品下乡、农产品进城；电商进农村实现 832 个贫困县全覆盖，村级电商站点覆盖率达到 70%。农村信息网络建设稳步推进，行政村通光纤和 4G 比例均超 98%，行政村平均下载速率超 70M，基本实现农村城市"同网同速"，农村互联网普及率达 46.2%。

（二）传统流通企业数字化转型升级加快

长期以来，传统商贸流通企业主要致力于信息化建设和改造升级，但信息孤岛、信息壁垒的问题在行业内部、企业内部仍较为普遍，应用数字经济提升经营水平的能力相对滞后。随着电商平台快速发展，理念创新、技术创新、模式创新以及线上平台加快"下沉"，对传统商贸流通企业的冲击开始显现，推动传统商贸流通企

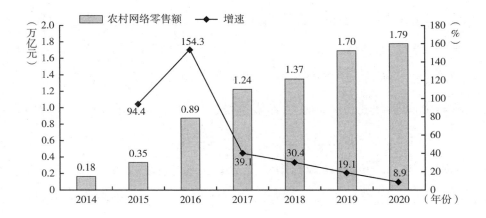

图2-3　2014～2020年全国农村网络零售额及增速

资料来源：商务大数据。

业思考和探索转型升级之路。物美、永辉、王府井百货、银泰百货、天虹商场、苏宁等企业纷纷试水转型升级，加强数字化建设，探索数字化解决方案。目前，全国流通业经营主体8000多万，其中中小微企业占比较高。另据商务部流通产业促进中心数据，我国约有600万家线下零售小店，以个体户为主。绝大部分中小微商贸流通企业迫切需要提升数字化水平，敏锐"感知"消费端的需求，拓宽进货渠道。

（三）跨境电商带动货物贸易数字化发展

在国家跨境电商试点示范作用下，我国跨境电商逐步向自主化、便利化和规范化方向发展，不仅成为外贸增长新亮点，也为外贸转型升级提供新动能。海关总署数据显示，2020年，通过海关跨境电子商务管理平台验放进出口清单达24.5亿票，同比增长

63.3%；我国跨境电商进出口 1.69 万亿元①，同比增长 31.1%，其中出口 1.12 万亿元，同比增长 40.1%，进口 0.57 万亿元，同比增长 16.5%。自 2015 年以来，我国先后分 5 批在 105 个城市设立跨境电商综合试验区，通过无票免税、通关便利化等一系列政策措施，探索形成一套适应和引领全球跨境电子商务发展的管理制度和规则；与 22 个国家"丝路电商"合作持续深化，双边合作成果加速落地。一批跨境电商平台在海外飞速发展，超万家传统企业触网上线、提质增效。配套生态体系日益完善，跨境电商海外仓数量超过 1800 个，同比增长 80%，面积超过 1200 万平方米。疫情发生后，传统贸易数字化步伐加快，外贸企业通过线上渠道开拓国际市场，助推数字经济发展。

（四）服务贸易数字化增长态势平稳乐观

随着全球数字经济的发展，以数据形式存在的要素、产品和服务的贸易快速增长，对服务贸易的贡献率不断提升，成为推动服务贸易增长的重要动力。《中国数字贸易发展报告 2020》显示，2019 年，我国可数字化服务规模约为 1.9 万亿元，全球排名第七位。数字贸易占服务贸易的 25.6%，比上年提升 3.4 个百分点。②

_____

① 为全面反映跨境电商整体进出口情况，海关总署充分借鉴《电子商务法》以及世界海关组织对跨境电商的定义，探索建立了跨境电商统计体系，故统计口径较往年有明显变化。

② 《〈中国数字贸易发展报告 2020〉发布：中国 2019 年可数字化服务贸易额超 2700 亿美元》，AMZ123 网，https：//www.amz123.com/thread－580135.htm，2020 年 10 月。

二　我国数字商务发展过程的主要特征

在数据要素驱动、科技平台拉动、企业战略抉择、产业协同联动等因素共同作用和推动下，数字商务进程总体加快，直播电商等新业态形成爆发式发展，农村电商迅速崛起。2020 年，无接触购物、在线教育、在线娱乐、远程办公等线上需求增长较快，服务业数字化水平加速提升。

（一）数字化消费与服务推动市场不断完善

消费与服务的数字化发展得益于互联网，特别是移动互联网的高速发展与全面普及。一些率先崛起的超级数字平台在发展过程中积累了海量消费与服务数据，建立起一整套相对成熟的数据治理方式体系，使这些庞大复杂的数字数据既可用于自身可持续发展，又能解决社会问题，并帮助改善其他行业、产业的价值链，成为创新和生产力增长的动力。

1. 数字化零售支撑作用凸显

我国已连续 7 年成为全球最大的网络零售市场。面对新冠肺炎疫情的严峻挑战，网络零售在保障民生所需、促进消费回暖、创新流通方式、疏解企业困难等方面发挥了重要的支撑作用。一是保障民生所需。新冠肺炎疫情发生以来，各大电商企业积极履行社会责任，发挥自身平台和网络优势，全力开展防疫物资、生活必需品应急保供和出行票务用户权益保障工作。二是促进消费回暖。各地联合并依托电商、支付、公共服务等各类平台发放多种形式电子消费券，撬动消费潜能。2020 年第二届"双品网购节"的举办，带动全国实现网络零售额超 4300 亿元，其中实物商品销售额增长33.3%；"618"期间，天猫和京东交易额分别达到 6982 亿元和2692 亿元；"双 11"期间，天猫和京东交易额分别达到 4982 亿元和 2715 亿元。三是创新流通方式。新业态发展已成为稳外贸的重要力量。2020 年前三季度，我国通过海关跨境电商管理平台进出口 1873.9 亿元，增长 52.8%，市场采购出口 5098.6 亿元，增长35.5%。生鲜电商、到家经济等迎来爆发式增长。2020 年第一季度，上海市生鲜电商销售额达 88 亿元，同比增长 167%，订单量同比增长 80%，每天订单量达 50 万件。此外，客单价从 40 元增加到 100 元以上，活跃用户同比增长 127.5%。四是疏解企业困难。国家发展改革委等开展"上云用数赋智"行动，145 家单位共同助力企业数字化转型。商务部启动"电子商务公共服务惠民惠企行动"，助力中小电商企业提升数字化运营能力。多个电商平台出技术拿方案，支持中小企业生存发展。

2. 数字化服务拓展线下边界

中国互联网络信息中心数据显示，截至 2020 年底，我国网约车、在线教育、在线医疗用户规模分别达 3.65 亿、3.42 亿、2.15亿，分别占网民整体的 36.9%、34.6%、21.7%。文化和旅游部数据显示，2020 年上半年，全国网络表演、网络音乐经营单位营业收入分别增长 34.1% 和 18.9%。1～8 月北京在线教育、在线娱乐、在线游戏、在线体育 4 个领域企业营业收入增长 30.4%，远高于服务业平均水平。随着居民对数字认知与熟悉程度的不断提升,其对线下活动的连接带动效应不断显现。一是移动出行带动消费。疫情冲击导致居民出行次数断崖式下跌,疫情常态化防控下,网约车等低密度出行方式率先恢复,企业不断升级安全策略确保用户出行安全便捷,成为线下消费从可能变为现实的关键一环。滴滴数据显示,平均1元的网约车出行消费连接着19元的最终消费,其中旅游景点消费带动效应最高,达到47元;室内娱乐和商场购物带动消费均在30元以上。二是医药电商快速发展。2020年3月20日,在国务院联防联控机制召开的新闻发布会上,国家卫健委相关部门负责人表示,疫情期间委属(管)医院互联网诊疗比上年同期增长17倍,一些知名的第三方平台互联网诊疗咨询量增长20多倍,处方量增长近10倍。医院自有平台及第三方平台对处方药的销售保证了远程问诊后线上购药的延续性,以阿里健康、京东健康、平安好医生等为代表的医药电商平台,以叮当快药等为代表的O2O送药平台快速发展。根据艾昆纬(IQVIA)预测,随着线上处方开具成为常态,更多自费和慢性病处方药在网上销售,并对接医保系统,医药电商市场将进一步发展成熟。

(二)数字化交易与通达助力平台快速发展

1.数字化对接拉近时空距离

数字化发展使消费者购买商品的可选渠道日渐多元,门店购买、平台下单、微信公众号/小程序选购、直播购物等都是可选择路径。一是对接线下实体与消费需求。互联网特别是移动互联网连接万物，不断缩短商家与消费者之间的距离。大数据精准对接双边信息，一方面将"电子传单"推向潜在消费者；另一方面吸引顾客走向分散不集中的街边商铺、楼中店面，消费不再受限于物理距离和地理位置，消费者的选择更多，商家的客源更广、成交率更高。《2020中国生活美容行业发展报告》数据显示，中国生活美容市场2020年线上化率仅为1.5%。相较于未线上化的商户，数字化美容业商户在选址上有更大空间，更多商户选择租金相对低廉的写字楼，经营上也更为成熟，64%的线上化经营商户已发展为连锁品牌。二是促进场景融合与实时交互。长期的技术积淀与"双11"等节日场景的实战积累，成就了如今消费者习以为常的直播购物。平均的机会让商家店主、歌手演员、制造匠人、职业农民能够站上直播前台开展销售活动，低门槛的数智化技术后台则可以帮助其进行过程复盘、状态考核、粉丝运营、预期测算等分析活动。《中国互联网络发展状况统计报告》显示，截至2020年12月，我国网络直播用户规模达6.17亿，占网民整体的62.4%。其中，电商直播用户规模达3.88亿，游戏直播用户规模达1.91亿。[1] 艾媒咨询（iiMedia Research）数据显示，2020年中国直播电商市场规模达9610亿元，同比增长121.5%。预计2021年直播电商整体规模将继续保持较高速增长，规模将接近12012亿元。[2] 2020年"双11"

---

[1] 《第47次〈中国互联网络发展状况统计报告〉》，国家互联网信息办公室网站，http：//www.cac.gov.cn/2021-02/03/c_1613923423079314.htm，2021年2月。

[2] 艾媒咨询：《直播电商年度观察：2021年市场规模将破12000亿元，带货主播强者恒强》，搜狐网，https：//www.sohu.com/a/447439983_533924，2021年1月29日。

期间，33 个淘宝直播间成交额过亿元，近 500 个淘宝直播间成交超千万元。三是支撑贸易跨境与市场预期。数字化发展成为促进全球设施联通、贸易畅通、资金融通的基础和纽带，跨境电商综试区建设及数字化跨境贸易平台成为支持国际贸易的重要支点，帮助外贸企业实现海外线上"云拓客"，以及调整销售战略稳定订单交期和市场预期。商务部统计显示，截至 2021 年 2 月，我国已经与 22 个国家签署了"丝路电商"合作备忘录并建立了双边合作机制，与伙伴国共同应对疫情挑战，丰富合作内涵，拓展合作领域，增强合作信心。①

2. 数字化配送实现货通全球

物流是连接生产生活、促进消费实现、畅通经济循环的先导性产业，也是较早拥有大量订单数据原始积累和应用的产业。庞大且不断改善的数字化物流体系让整体移动效率、流转效率持续提升。一是快递配送加速消费潜力变现。2019 年，邮政快递业支撑网上零售额超过 8 万亿元，2020 年突破 10 万亿元。快递年业务量从 2015 年的 207 亿件增长到 2020 年的 800 亿件以上，年均增速超过 30%，业务总量和业务增速连续 5 年稳居世界第一。菜鸟大数据平台每天处理 9 万亿行信息，调动 170 万名配送员，为 600 多个主要城市的配送中心和 5 万个快递点提供需求预测分析和雷达警报服务。② 二是

---

① 《我国已经与 22 个国家签署了"丝路电商"合作备忘录并建立了双边合作机制》，商务部网站，http：//brisbane. mofcom. gov. cn/article/jmxw/202102/20210203037657. shtml，2021 年 2 月 5 日。

② 《国新办举行交通运输"十三五"发展成就新闻发布会》，国新网，http：//www. scio. gov. cn/xwfbh/xwbfbh/wqfbh/42311/44029/index. htm，2020 年 10 月22 日。

外卖配送促进服务效率提升。天眼查专业版数据显示，截至 2020 年 9 月，我国目前共有 44.6 万家企业名称或经营范围中含"外卖"。《中国共享经济发展年度报告（2019）》显示，2015～2018 年在线外卖收入年均增速约为 117.5%，是传统餐饮业的 12.1 倍。① 《2019 年及 2020 年上半年中国外卖产业发展报告》指出，疫情加速了餐饮零售化、"手机菜篮子"等生鲜零售业的发展，推动外卖行业不断满足基于数字化的无接触服务、健康码确认等现实需要。随着消费者习惯的养成，鲜花、生鲜、日常生活用品等非餐品配送场景和需求增长迅速。② 三是全球配送助力产业高效出海。国家发改委数据显示，截至 2020 年 11 月 5 日，中欧班列开行达 10180 列，已超上年全年开行量（8225 列）。中欧班列国内开行城市已超过 50 个，快速成长为连接亚洲与欧洲的货运大通道。过去，中西部地区商品通过海运进入欧洲市场需要 40 天以上，现在通过中欧班列只需 10 天左右。③ 天猫淘宝海外推出"全球包邮"计划，2020 年天猫"双 11"带动全国 2000 个产业带 120 万户商家、30 万个外贸工厂参与其中。④

---

① 《中国共享经济发展年度报告（2019）》，国家信息中心网站，http://www.sic.gov.cn/News/568/9906.htm，2019 年 3 月 1 日。

② 《美团研究院：2019 年及 2020 年上半年中国外卖产业发展报告（附下载）》，199IT 网，http://www.199it.com/archives/1073258.html，2020 年 6 月 29 日。

③ 《国家发展改革委举行 11 月份新闻发布会 介绍宏观经济运行情况并回应热点问题》，国家发展改革委网站，http://www.scio.gov.cn/xwfbh/gbwxwfbh/xwfbh/fzggw/Document/1692606/1692606.htm，2020 年 11 月 17 日。

④ 《105 个产业带"天猫双 11"成交额过亿 助力双循环经济发展》，中国经营网，http://www.cb.com.cn/index/show/jj/cv/cv12534762102，2020 年 11 月 14 日。

3. 数字化支付融通供需场景

支付是促成交易的关键环节，数字化支付安全技术的发展和创新缩短交易时间，提升服务效率，促进手续简化，从根本上改变了传统支付的模式和流程。与此同时，便捷高效的移动支付已成为百姓生活密不可分的一部分，并创造出一系列消费场景，成为实体经济增长的重要驱动力量。一是移动支付领先全球。我国移动支付在交易量和渗透率上全球领先。《中国互联网络发展状况统计报告》显示，2020 年上半年，我国手机网络支付用户规模达 8 亿，占手机网民的 86%，是全世界平均水平的 3 倍左右；移动支付金额达 197 万亿元，稳居全球首位。[1] 中国人民银行数据显示，2019 年银行共处理移动支付业务 1014.3 亿笔，金额 347.1 万亿元，同比分别增长 67.6% 和 25.1%。[2] 二是支付场景不断丰富。条码支付、刷脸支付等近场通信交互技术大大加快了居民使用移动支付的普及速度，支付机构从硬件软件补贴、降费等多方面便利商户使用，在不断拓展国内业务的同时，创新跨境服务产品，为货物贸易、机酒预订、旅游留学、国际物流、会议会展等类型企业提供跨境支付、收款机结算服务。三是跨境支付强劲发展。中国支付清算协会数据显示，截至 2018 年底，支付机构跨境业务额约为

---

[1] 《第 46 次〈中国互联网络发展状况统计报告〉》，国家互联网信息办公室网站，http://www.cac.gov.cn/2020-09/29/c_1602939918747816.htm，2020年 9 月。

[2] 《2019 年支付体系运行总体情况》，中国人民银行网站，http://www.pbc.gov.cn/goutongjiaoliu/113456/113469/3990497/index.html，2020 年 3 月 17 日。

772.1 亿元。[①] 中国银联已在境外 170 个国家和地区开通银联卡业务，境外受理商户超过 2600 万家，提供从卡端到移动端的多样支付工具。支付宝覆盖全球超过 40 个国家和地区，接入了数十万家海外各类商户；同时在超过 80 个国际机场提供即时退税服务。腾讯已支持超过 40 个国家和地区的合规接入，支持超过 13 个币种（包括人民币）的直接交易。

（三）数字化经营与决策促进企业效率提升

1. 数字化经营紧抓客户需求

"所谓经营，数字便是一切。"无论过去、现在还是未来，企业正确把握自身实际经营状况，并在此基础上做出正确的经营判断，都离不开准确、严谨、及时的数据。数字化发展则使这一过程变得更加快捷、顺畅。不同的是，以往企业经营的核心数据是财务数据，因为这类数据容易被量化。如今，销售前台已然积累全面而详尽的用户数据，覆盖用户的消费偏好、潜在需求等，助力企业围绕用户洞察转变经营方式。一是认识消费人群变化。京东大数据研究显示，陆续成为各个领域主力的"90 后"超过 3 亿人。[②] 作为互联网的原住民，他们是互联网的天然使用者，方方面面都受到数字化发展的影响。京东"90 后"购物群体线上购物渠道呈现多元

[①] 《2019 中国支付清算行业社会责任报告》，中国支付清算协会，http：//www. pcac. org. cn/eportal/ui？pageId=595143，2019 年 9 月 24 日。

[②] 《京东研究院：90 后人群消费白皮书》，腾讯网，https：//new. qq. com/omn/20201201/20201201A01UK300. html，2020 年 9 月。

化，且占比逐渐提升，同时"90后"注重线下体验的特点也不容忽视。正是源于消费人群的这种变化，企业才更应加紧数字化转型步伐。《2019年网络零售百强研究报告》显示，百强网络销售排名中上榜零售企业达52家，销售额超过9700亿元。其中，电商企业（15家）仅占总体企业数的29%，其余37家是积极进行数字化转型的线下零售业态，上榜企业数量占到零售企业的71%。二是把握转型原点。《2019年网络零售百强研究报告》还指出，中国正逐步进入全面数字化时代，在新冠肺炎疫情的冲击下，在5G走进生活的"前沿时期"，全球消费者尤其是中国消费者，已经进入了"零时差消费"时代。[①] 因此，有志于打造线上线下多触点版图的企业，应深挖消费者需求，把握消费者购物行为、个人偏好的现状及变化趋势。如通过疫情期间丰富的数据积累，勾勒不同类型消费者的购物轨迹及变化，大力发掘消费者痛点，并将此作为未来产品调整、渠道融合以及打造极致购物体验的基础。三是需求驱动运营。普华永道研究显示，企业数字化转型的目标是以客户为中心，打造多层次体系组织能力，包括围绕客户设计组织结构、提升挖掘客户需求的能力、设计满足客户体验需求的互动方式，并在数据、IT以及考核机制等各方面体现"以客户为中心"的理念。[②]

2. 数字化决策助力科学转型

数字化能力的提升使企业掌握核心消费者画像，数据的贯通将

---

① 《德勤：2019年网络零售百强研究报告》，搜狐网，https：//www.sohu.com/a/475311434_483389，2020年8月。

② 《普华永道：企业如何进行数字化战略转型》，搜狐网，https：//www.sohu.com/a/437009055_286727，2020年5月。

进一步联结消费者需求、渠道运营维护、供应链布局等，推动企业实现流程可视化、绩效可量化，解锁数据价值，将数据转化为洞察，以洞察驱动管理决策。一是增强全流程诊断运营能力。企业运营的数字化使战略与决策、能力与资源、技术与数据、人员与组织等多方面相互匹配，同时覆盖包含消费者洞察、营销沟通、电商渠道运营、全渠道合作、商品铺货定价等维度的"人、货、场"三方面要素生态。越发完善的价值传导模型让企业可以迅速诊断发现自身现状与理想状态的差距，并由此不断改进完善符合自身情况的转型升级路线。二是增强供应链风险应对能力。一方面，一旦发现数字化供应链某环节有中断风险，能够及时、清晰地反馈到决策层面，并判断哪些供应商、地点、零件和产品的风险最大，从而助力决策层制定应对策略，缓解库存限制并确定替代产能；另一方面，数字化的供应网络管理能够增强后备产能的灵活性以及各销售网络的互通性，若某一节点的功能丧失，网络内其他节点能够立即接管并发挥作用，增强抗风险能力。三是增强全链路效率提升能力。对实体零售企业来说，数字化时代的改变不仅是获客、销售渠道扩展到线上并触及更多用户，还有坪效、人效等效率关键因素转变为商品供应链效率、客户与粉丝维护效率、线上线下一体化运营效率等全链路数字化所带来的综合效率的提升，企业应评估各环节对运营产生的影响，从理念、留存、系统数字化角度补齐短板，实现决策能力长效提升。

（四）数字化政策与指导推进政府更好履行职责

新一代信息技术深刻影响和改变着人们的生产生活，同时也成为做好政务公开，加强数字社会、数字政府建设，提升公共服务、社会治理等数字化、智能化水平的重要技术支撑。当前我国政务服务数字化发展在政策推动、基础建设、服务保障、平台支撑、创新探索等方面都具备坚实基础。一是数字商务发展扎实推进。2019年，商务部印发《数字商务企业发展指引》并开展首批数字商务企业遴选，确定两批108家企业为线上线下融合发展数字商务企业；会同相关部门开展电子发票试点，指导电商企业先行先试电子发票全流程管理；出台加强电子商务统计监测分析的指导意见，深入推进部省电商大数据共建共享，开通全国电子商务公共服务平台，推动完善电子商务企业诚信档案，发布《中国电子商务发展报告》和各季度网络零售市场发展报告。二是各类创新载体发展优化。商务部深入开展电子商务示范基地建设工作，增补15家优秀电子商务园区为国家电子商务示范基地，更好发挥其在培育中小电子商务企业、激励新技术应用、促进模式业态创新和传统产业转型升级、带动创业就业、促进精准扶贫和消费升级等方面的作用；会同中央网信办、工业和信息化部联合发布公告认定中关村软件园等12个园区为国家数字服务出口基地，加快数字贸易发展和数字技术应用，培育贸易新业态新模式，实现服务贸易高质量发展。发挥基地辐射带动作用，促进主体培育、品牌打造、模式推广。三是公共服务平台作用强化。发挥政府作用的同时也推动市场发挥作用，引导电商平台丰富数字化的服务内容和产品，加强与中小微企业的供需对接，为中小微企业的数字化转型服务、赋能。商务部开展"电子商务公共服务惠民惠企行动"，首批10家电商公共服务合作伙伴将涵盖数据分析、电商培训、诚信建设、人才招聘、市场咨询等多方面的服务资源，免费开放给广大电商企业使用。四是人才智力支撑不断加强。为加强产学研的联动，商务部举办 5 期电子商务创新发展研究班，指导电子商务继续教育基地面向一线人员开展实操培训。中国国际电子商务中心开展 5 届中国电商讲师大赛，选拔并培养数千名优秀电商讲师，直接影响了全国数百万的一线电商从业者，为我国电商发展和电商人才培训培养了骨干和先锋力量。

三 全国各省份数字商务发展指数研究

（一）研究概述

中国国际电子商务中心认真研究中国数字商务理论成果，科学构建中国数字商务指标体系和评价模型，编制中国数字商务指数，综合评价我国各省份数字商务发展水平，旨在客观反映各地数字商务的潜力优势、制约短板，为中国数字商务发展贡献新力量。

中国数字商务指数以全国 31 个省级行政区域为研究对象，遵循理论与实证相结合的原则，以"因子分析法"作为指标集成和综合评价的计量统计方法，并采用主观与客观相结合的方法确定权重，建立了一套包括四级指标体系的数字商务指数评价模型，力求数据翔实、评价合理、观点准确，旨在为社会各界提供科学、客观的决策依据，为各省份政府相关部门有效推进数字商务发展提供决策参考。

（二）指标及模型

1. 指标体系

本书从基础理论出发，总结已有研究成果，结合相关数据指标的可获取性，坚持科学性、可行性、代表性和产业特性等原则，构建了中国数字商务发展评价指标体系。

综合考虑数字商务的构成因素和影响因素，构建四级评价指标体系，分别为目标层、准则层、因素层和指标层。

第一层目标层综合考察中国各省份数字商务发展水平；第二层准则层从数字商务支撑、数字商务促进、数字商务需求、数字商务融合四个维度加以考察；第三层因素层充分考虑各准则的结构和功能，选取评价因素：数字商务支撑涉及数据通道基础、网络服务能力和数字商务环境三个因素，数字商务促进涉及数字商务研发投入、数字商务技术应用和数字商务配套服务三个因素，数字商务需求涉及市场规模、用户规模和需求增长三个因素，数字商务融合涉及电子商务发展水平、传统产业数字化率和数字商务贡献度三个因素；第四层指标层由反映各因素的具体指标构成。

中国数字商务指数指标体系框架如图2-4所示。

数字商务支撑。数字商务根植于数据通道基础和网络服务能力之上，无法脱离经济、政策、营商等环境的支撑。数据通道基础和网络服务能力对数字经济的核心要素——数据，进行收集、储存、传输、分析、应用，数字商务环境反映支持数字商务发展的环境因素。数字商务支撑为数字商务产业发展提供技术保障、实现手段及

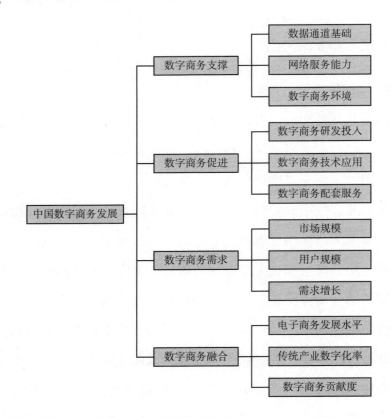

图 2 - 4　数字商务指数指标体系框架

生存土壤，体现数字商务发展的基础条件和支撑力，主要考察数据通道基础、网络服务能力、数字商务环境等。

　　数字商务促进。数字商务是知识型经济，高质量的科研产出、技术研发、创新转化是数字商务发展的重要保障。数字商务促进指数反映数字商务领域的科技研发、创新能力及相关保障环境，体现数字商务未来的发展潜力，主要考察研发投入、技术应用和配套服务等情况。

　　数字商务需求。在数字经济时代，消费者在整个经济体系中的重要性空前凸显。数字化的消费者是"数据"这一数字商务核心要素的生产者。数字消费者的数量及其对数字消费的需求强度，将影响数字商务的发展。数字商务需求指数反映数字商务领域的消费需求，体现数字商务发展的驱动力，主要考察市场规模、用户规模和需求增长等。

数字商务融合。当前数字化技术已深入各行各业，传统产业通过应用数字化技术，可以优化商务流程，提升运行效率，实现数字商务与传统产业的融合发展。数字商务融合指数反映传统产业与数字商务的融合程度，体现数字商务发展水平，主要考察电子商务发展水平、传统产业数字化率和数字商务贡献度等。

2. 数据来源

指标数据主要来自国家统计局、工信部、科技部、商务部公布的数据。其中，政府扶持力度依托各省份数字商务政策支持等因素综合赋值。

3. 测评方法

评价指标体系从多角度、多方面描述了我国 31 个省级行政区数字商务发展的基本情况，但指标较为分散，集成度较低，使发展情况的比较只能停留在每一指标上，且各准则层内指标相关性较高，部分信息被重复反映。为解决上述问题，本书进一步对指标体系中各准则内的指标进行综合化集成，形成数量较少但信息全面的综合指标，从而形成信息高度集中的准则层评价，再利用加权平均获得数字商务指数。

（1）消除个别年份随机因素

取 2017 年、2018 年、2019 年三年的平均值，消除单个年份数据所存在的随机因素。

（2）因子分析力求全面反映原始指标体系信息

采用因子分析法作为指标集成和综合评价的计量统计方法。因子分析法以"降维"作为核心思想，在充分利用评价指标之间存在相关性的基础上，在丢失最少指标信息的前提下，用少数综合指标代替原有的众多基础性指标。本书利用因子分析法，对各准则层内的指标进行必要的降维，综合因子反映原始指标数据超过80%的信息和特征。

（3）权重分配方法

报告采用主观与客观相结合的方法确定权重，客观方法基于各准则包含的分辨信息。一般来说，指标取值差异越大，越难以实现，这样的指标提供的信息量更多，更能反映被评价对象之间的差距。由于因子分析法已经消除评价指标量纲不同的影响，可用标准差来衡量各准则取值的差异程度。客观权重基于各准则的标准差，计算公式如下：

$$W_i = \frac{\sigma_i}{\sum \sigma_i}$$

其中，W_i 为第 i 准则的权重，σ_i 为第 i 准则的标准差。

（4）得分计算公式

基于以上结果，本书采用加权平均方法计算数字商务指数。为增加指数的可读性，报告对最后指数结果进行数值转化，采用得分计算公式：新得分 = 原得分 × 30 + 100，得出最终指数。

（三）指数排名

1. 数字商务指数（综合）

中国数字商务指数从数字商务支撑、数字商务促进、数字商务需求、数字商务融合等四大维度，综合衡量全国 31 个省份的数字商务发展水平（见表 2-1），以指数形式透视各地数字商务既有规模及发展潜力，衡量数字商务领域的优势特点和制约短板，探寻数字商务发展的着力点。

表 2-1　全国 31 个省级行政区域数字商务指数

排名	省　份	数字商务指数
1	广　东	151.07
2	浙　江	141.11
3	北　京	138.75
4	江　苏	131.17
5	上　海	130.53
6	山　东	111.90
7	福　建	110.69
8	四　川	99.96
9	重　庆	99.04
10	天　津	98.87
11	湖　北	98.15
12	河　北	97.10
13	辽　宁	96.20
14	安　徽	96.04
15	陕　西	96.02
16	河　南	95.75
17	湖　南	92.34
18	海　南	92.10

排名	省 份	数字商务指数
19	江 西	90.24
20	贵 州	89.36
21	吉 林	89.08
22	山 西	88.59
23	广 西	88.21
24	内蒙古	88.00
25	宁 夏	86.83
26	甘 肃	86.61
27	黑龙江	85.17
28	云 南	85.01
29	新 疆	83.44
30	青 海	81.36
31	西 藏	81.33

2. 数字商务支撑指数

数字商务支撑指数从数据通道基础、网络服务能力和数字商务环境三个维度考察数字商务发展的支撑情况，反映了各地发展数字商务的基础条件和实现能力（见表2-2）。

表2-2　全国31个省级行政区域数字商务支撑指数

排名	省 份	数字商务支撑指数
1	北 京	139.53
2	上 海	132.11
3	浙 江	120.68
4	广 东	118.93
5	江 苏	116.93
6	福 建	109.45
7	天 津	106.75

排名	省份	数字商务指数
8	重庆	106.59
9	辽宁	103.17
10	山东	102.66
11	海南	101.08
12	河南	99.31
13	四川	99.30
14	湖北	97.63
15	贵州	97.09
16	陕西	96.66
17	河北	95.49
18	湖南	94.70
19	安徽	94.38
20	吉林	94.34
21	宁夏	92.59
22	江西	91.57
23	内蒙古	91.40
24	山西	90.42
25	青海	88.94
26	黑龙江	88.91
27	广西	88.58
28	云南	87.82
29	甘肃	85.54
30	新疆	84.74
31	西藏	82.73

3. 数字商务促进指数

数字商务促进指数从数字商务研发投入、数字商务技术应用及数字商务配套服务三个维度考察数字商务的发展保障情况，反映了各地发展数字商务的科研创新能力及进阶提升潜力（见表 2-3）。

表 2 - 3　全国 31 个省级行政区域数字商务促进指数

排名	省　份	数字商务促进指数
1	广　东	168.05
2	江　苏	149.31
3	北　京	134.83
4	浙　江	134.28
5	山　东	127.11
6	上　海	121.97
7	湖　北	103.45
8	福　建	102.60
9	安　徽	99.68
10	四　川	99.62
11	河　北	98.49
12	辽　宁	97.44
13	河　南	96.22
14	重　庆	96.19
15	湖　南	94.96
16	天　津	94.59
17	陕　西	93.61
18	江　西	91.45
19	贵　州	87.66
20	山　西	87.37
21	云　南	86.92
22	吉　林	86.72
23	广　西	86.25
24	甘　肃	84.92
25	内蒙古	84.36
26	新　疆	84.26
27	黑龙江	84.06
28	宁　夏	81.80
29	青　海	81.45
30	海　南	81.34
31	西　藏	79.03

4. 数字商务需求指数

数字商务需求指数从市场规模、用户规模和需求增长三个维度分析数字商务发展的需求情况（见表2-4）。

表2-4　全国31个省级行政区域数字商务需求指数

排名	省份	数字商务需求指数
1	广东	155.73
2	北京	148.91
3	浙江	147.90
4	上海	132.08
5	江苏	130.34
6	福建	114.35
7	陕西	104.96
8	重庆	103.04
9	山东	102.68
10	四川	102.37
11	海南	99.87
12	河北	98.09
13	天津	94.83
14	辽宁	94.80
15	湖北	94.05
16	河南	92.21
17	宁夏	91.76
18	安徽	89.96
19	广西	89.92
20	吉林	89.66
21	甘肃	89.02
22	山西	88.98
23	湖南	87.11
24	内蒙古	86.71
25	贵州	86.21
26	江西	84.23

续表

排名	省　份	数字商务指数
27	新　疆	83.61
28	黑龙江	83.17
29	云　南	80.66
30	西　藏	76.64
31	青　海	76.15

5. 数字商务融合指数

数字商务融合指数从电子商务发展水平、传统产业数字化率、数字商务贡献度三个维度考察数字商务与产业的融合发展情况，反映了各地数字商务与传统产业的融合程度及其对传统经济的影响程度（见表2－5）。

表2－5　全国31个省级行政区域数字商务融合指数

排名	省　份	数字商务融合指数
1	浙　江	155.45
2	广　东	149.51
3	上　海	137.20
4	北　京	131.57
5	江　苏	121.86
6	福　建	116.53
7	山　东	111.46
8	天　津	102.54
9	安　徽	99.73
10	四　川	98.17
11	湖　北	97.09
12	河　南	96.59
13	河　北	95.62

排　名	省　份	数字商务指数
14	江　西	94.50
15	湖　南	93.46
16	重　庆	92.63
17	辽　宁	91.54
18	内蒙古	91.06
19	海　南	89.36
20	贵　州	89.30
21	陕　西	88.55
22	广　西	88.27
23	山　西	88.25
24	西　藏	87.96
25	吉　林	87.41
26	甘　肃	86.60
27	黑龙江	85.98
28	云　南	85.66
29	宁　夏	83.08
30	青　海	81.63
31	新　疆	81.44

第三章
发展篇

一 我国数字商务发展面临的机遇与挑战

技术是非确定性的。它既创造机遇，也带来挑战。我国线上经济全球领先，在这次疫情防控中发挥了积极作用，线上办公、线上购物、线上教育、线上医疗蓬勃发展并同线下经济深度交融，有力支撑我国经济活动恢复正常化。与此同时，使用数据驱动商业模式的数字平台创新发展，国际竞争力不断增强，国家的支持为平台在数字时代创造和获取价值提供了有利条件，发挥了至关重要的作用。2020年12月16～18日的中央经济工作会议指出，平台企业要依法规范发展，健全数字规则。要完善平台企业垄断认定、数据收集使用管理、消费者权益保护等方面的法律规范。要加强规制，提升监管能力，坚决反对垄断和不正当竞争行为。

（一）机遇

从国际上看，当今世界正经历百年未有之大变局，新冠肺炎疫情使这个大变局加速演进，经济全球化遭遇逆流，保护主义、单边主义上升，世界经济低迷，国际贸易和投资大幅萎缩，国际政治、经济、科技、文化、安全等格局都在发生深刻变化。从国内看，我国正处于中华民族伟大复兴的关键时期，经济已由高速增长阶段转向高质量发展阶段，正在形成以国内大循环为主体、国内国际双循环相互促进的新发展格局。国际货币基金组织（IMF）2021年7月发布《世界经济展望》，预测2021年全球经济将增长6%。其中发达经济体增长5.6%，新兴市场和发展中经济体增长6.3%。美国、欧元区和日本经济增长预期分别为7%、4.6%和2.8%，中国经济有望增长8.1%。[1] 世界经济论坛发布的2020年特别版《全球竞争力报告》显示，部分经济体因其发达的数字经济、健全的社保体系等因素，在新冠肺炎疫情中保持了更强的韧性。数字商务是数字经济在商务领域的具体体现，也是数字经济最活跃、最集中的表现形式，必将成为商务发展的新趋势。

一是技术基础日渐稳固。以5G、人工智能等为代表的新基建，是国家的重点发展战略，也是我国社会高质量发展的"利刃"。工信部数据显示，中国建成全球最大5G网络，5G基站达70万个，占全球比重近七成，连接超过1.8亿个终端。预计到2023年，我国5G基站将达到300万个。当前中国数据中心机架数累计已经超过220万架，预计未来3年将继续保持每年25%的增长，2023年

机架总数将超过 400 万架。① 国家超级计算无锡中心等打造的"智算未来·工业数字化云应用平台"，面向汽车、航空航天等先进制造领域提供易用、高效的一站式工业仿真"云服务"，降低了社会使用超算的技术门槛，推动数字化研发升级。随着投资不断加大，数字基础设施已逐渐成为当今社会重要的生产要素之一，云储存、无线网、宽带以及云计算等因而得到全面推广与应用。新型智能技术从硬件到软件都走入我们的生活，不再遥不可及，并驱动更多新的发展趋势，推动众多行业的数字化转型进程。

二是协同融合进程加快。传统市场经济中，需求端与供给端相对割裂，互相分离。民众日常需求能否得到满足，主要是由供给侧产品类型、数量等决定。数字经济时代，日益成熟的数字技术可以促使需求侧与供给侧实现全面融合。不仅企业与消费者联系更加紧密，可以一定程度上根据消费者实际需要对各类产品进行再造与生产，而且，包括医疗健康、工业制造、教育、金融、交通在内的各行各业的关系也发生了彻底改变，横向联系愈发紧密。百度测算，以车路协同为基础的智能交通基础设施建设，将提升 15% ~30% 的通行效率；② 京东推出"反向定制（C2M）智能工厂"，企业新品上市周期缩短 80% 以上，2020 年以来京东整

---

① 《国新办举行"十三五"工业通信业发展成就新闻发布会》，国新网，http://www. scio. gov. cn/xwfbh/xwbfbh/wqfbh/42311/44045/index. htm，2020 年 10 月 23 日。
② 《李彦宏：智能交通基础设施建设将给 GDP 绝对值带来 2.4% ~4.8% 的增长》，金投网，《http://kuaixun. cngold. org/c/2020 – 07 – 09/c1162337. html，2020 年 7 月 9 日。

体"C2M 商品"（自有品牌）销量同比增长达 654%。以科技发展为基础的数字化发展显示出超预期的敏捷性和可靠性，形成了产业与数字化协同融合、双轮并行的变革机遇，有望掀起新一轮转型升级浪潮。

三是业态创新释放潜能。党中央、国务院高度重视数字经济发展，先后出台实施"互联网＋"行动和大数据战略等一系列重大举措，大量新业态新模式快速涌现，成为推动我国经济社会发展的新引擎。经产业要素重构融合而形成的商业新形态、业务新环节、产业新组织和价值新链条，是关系数字经济高质量发展的活力因子，具有强大的成长潜力。国家发改委等多部门联合印发《关于支持新业态新模式健康发展 激活消费市场带动扩大就业的意见》，首次明确提出 15 种新业态新模式，并就支持鼓励上述新业态新模式健康发展、打造数字经济新优势进行了全面部署。在抗击新冠肺炎疫情期间，众多领域成为数字新技术的"试验场"、新模式的"练兵场"、新业态的"培育场"，以在线办公、在线教育、互联网医疗为代表的新业态新模式持续迭代、加速成熟，"无接触""宅生活""云消费"成为数字生存新常态，正适应、引领、创造我国经济转型发展新需求，为现代化经济体系建设注入新的活力。

四是贸易创新不断发展。新冠肺炎疫情的突如其来，使我国国内电子商务模式所表现出的创新活力被快速复制应用到跨境电商交易过程中，为外贸行业带来新启发、新动力。随着越来越多的新技术、新模式被应用到外贸场景，中小外贸企业的新想法、新模式、新创意借助数字化贸易平台得以实现，企业经营方式展现出更多可能性。不少外贸企业借助 5G 通信技术，通过跨境直播等方式推广产品，并运用 VR 技术让海外客户能够随时随地查看工厂状态，解决了疫情期间交通阻断造成海外买家无法实地考察的问题。国务院办公厅印发《关于推进对外贸易创新发展的实施意见》，提出应围绕构建新发展格局，加快推进国际市场布局、国内区域布局、经营主体、商品结构、贸易方式等"五个优化"和外贸转型升级基地、贸易促进平台、国际营销体系等"三项建设"，以培育新形势下参与国际合作和竞争的新优势，实现对外贸易创新发展。以数字驱动贸易，让贸易数字化为企业赋能，将推进我国贸易高质量发展、助推贸易强国建设。

（二）挑战

近年来，我国商务数字化发展面临重大机遇，取得突出成绩，但不平衡不充分等问题仍然突出，抑制了数字化潜力的充分释放，要求我们着力直面挑战，破除障碍。

1. 消费升级与产业互联不相匹配

在互联网发展的早期阶段，中美两国均由消费互联网驱动。互联网在改变人们生活方式的同时，深刻改变了美国企业的生产经营和管理方式。《福布斯》杂志公布的全球十大科技公司中，苹果公司（Apple）、字母表（Alphabet）、微软（Microsoft）、英特尔（Intel）等都是美国极具代表性、体现高科技文明且产品深受全球消费者追捧的公司。我国消费互联网发展迅猛，数字经济的代表性企业腾讯和阿里巴巴在消费互联网领域更为人们所熟知，微信拥有超10亿的活跃用户，阿里巴巴拥有国内电子商务市场近60%的份额，微信和支付宝的支付解决方案几乎占领整个移动支付市场。而与消费市场联系紧密的商务领域产业数字化发展相对滞后，1.2亿户市场主体中有3000多万家中小企业、8000多万家个体工商户，它们对利用数字技术提高生产经营效率有强烈需求。专业知识缺乏、解决方案欠缺、短期见效困难等多重因素制约商务领域产业互联网发展。

2. 软件更迭与硬件创新投入失衡

得益于移动通信技术的持续升级，以及消费端数字应用软件的不断普及，我国线上经济全球领先，线上办公、线上购物、线上教育、线上医疗蓬勃发展并同线下经济深度交融，微商微店、直播购物、社区团购等数字营销方式越发多元，既拓宽了销售渠道，又降低了流通成本。但产品创新点多集中于造型和色彩等外观设计，围绕产品本身的高质量创新明显缺乏，基础材料、关键元器件等关键共性技术研究缺乏长期稳定支持，技术进步更新慢甚至断档，创新体系整体效能还不强，制造业产品关键核心技术"受制于人"的局面没有发生根本改变。科技研发和市场需求之间依然缺乏有效而深层次的连接，亟待形成以消费需求带动基础科研发展、科技转化、产学研协同创新的健康生态。因此，需要切实加强我国制造业关键核心技术创新能力，把商务高质量发展主动权牢牢掌握在自己手里，坚定不移地共同加快网络强国与制造强国建设，对持续推进消费升级形成优势支撑。

3. 市场繁荣对公共治理提出更高要求

我国为互联网创新发展营造了相对宽松的政策环境，坚持包容审慎的监管态度。国务院办公厅印发《关于促进平台经济规范健康发展的指导意见》提出："创新监管理念和方式，实行包容审慎监管，探索适应新业态特点、有利于公平竞争的公正监管办法。"创业公司经历了激烈的充分市场竞争，促进了优胜劣汰，形成如今我国互联网的全球竞争力。随着互联网开始向市场化程度较低的领域渗透融合，数据泄露、虚假信息、数字公司避税等问题尚没有在法律和理论层面上探索清楚，产业链、供应链"数据孤岛"及数据安全等问题破题障碍多、协调难度大，对公共治理能力提出了更高要求。如何制定规则和加强监管，兼顾个性化和标准化，实现集中统一性和分散灵活性的有机结合，需要深入思考。此外，当今时代数据已成为国家基础性战略资源，对数据的收集、存储、处理、分析等活动不仅会产生巨大的经济利益和商业价值，也会给国家安全带来深刻的影响，数据保护原则和数据自由流动原则之间的平衡难题也更加凸显。

4. 业务落地对企业治理提出新的挑战

德勤的调查研究认为，技术以多种方式助力企业完成其梦寐以求之事，化不可能为可能，但数字化转型过程中面临的诸多壁垒却不是与技术直接相关，而是与文化、时间、执行能力和风险管理能力等其他因素相关。扩大技术应用最常见的壁垒分别是难以阐明商业作用（20%）、功能成熟度（13%）和人才匮乏（12%）。大多数企业（69%）需要 6 个月甚至 1 年多的时间来构想和实施一项新的解决方案，超过 1/3 的受访者（36%）称其经历了因颠覆性技术出错而导致的重大事故。[①] 当前商务领域全面深化数字改革已进入深水区，全领域参与的数字化社会试验和共建共赢不断推动多方走向智能、创新、普惠的远景，新的挑战与问题也在考验企业的眼界、决心和能力。这一过程不存在标准答案，但企业治理模式符合未来需求，能够应对当下或即将发生的纷繁变化是至关重要的。

二　未来我国数字商务发展的趋势与前景

2013 年，埃森哲在技术展望主题报告中指出："所有生意都是数字生意（Every business is a digital business）。"[②] 彼时 IT 业最热的话题是大数据，大多数企业对数字化的认识还停留在降低成本层面，很少有企业能很好地采集和利用消费者数据来实现精准营销。正如 20 年前人们还在利用电话线拨号上网，但如今数字化已无处不及、无时不在，生产关系的数字化重构、消费模式的数字化变革、全球经济的数字化融合，已成为人们生活的一部分。技术飞速进步，数字化在很短的时间内从趋势成为常态，且用户角色也从旁观者变为需求提出者，不再被动接受技术成果，企业很难再通过单

---

① 《德勤：2019 年全球数字化风险调查报告》，搜狐网，https：//www.sohu.com/a/396631044_407401，2020 年 7 月。

② 《埃森哲：七大科技趋势驱动数字商务》，17 技术网，http：//www.17bianji.com/yunjisuan/22154.html，2013 年 3 月。

方面技术输出赢得市场，必须顺应人们的期望，对数字化的未来业务与场景进行根本性的思考与彻底的重塑。

（一）数字转型成熟度总体提升

数字商务转型的先行者，已逐渐从探索尝试阶段发展到驱动运营及规模化复制阶段，转型的显著效果和成功经验成为更多行业、更多企业的标杆，增强了企业数字化转型的整体信心与成熟度。政府引导越来越多社会力量广泛参与，企业在数字化转型的资金、人才等资源方面投入力度不断加大，战略重要性不断提升，上到管理者下到普通员工对数字化转型的认识、理解和参与程度进一步加深。未来随着数字化发展不断深入，商务领域中越来越多数据资产价值、业务场景模式、产品服务创新将持续衍生，有望形成驱动企业和行业业绩增长的良性循环，从而令企业在数字时代持续成长，赢得竞争。

（二）疫情加速数字化发展进程

微软首席执行官 Satya Nadella 曾说道："在两个月内，我们见证了本需两年才能实现的数字化转型。"2020 年突发的新冠肺炎疫情向全世界企业数字化转型提出巨大挑战，处于不同领域、不同程度数字化进程中的企业在实战中迅速采取措施补齐短板，大大加快了成果检验落地的进程，实践证明了数字化转型在应对风险挑战时的突出价值。同时，尽管迫不得已，用户也很快形成了新的学习、工作和生活方式，并有可能在疫情结束后继续保持这些已养成的习惯。目前关键的云基础架构和安全性可以满足人们在数字化环境下的生产生活和社交服务需求。因此，企业和用户都将继续身处数字化所带来的创新推动中，企业需要意识到数字化转型的重要性和迫切性，加快数字化项目建设与推进的速度。

（三）量体裁衣推进数字化落地

数字化发展是一个漫长且循序渐进的过程，商务领域不同行业以及不同类型企业选择的发展重点和路径、涉及的具体业务场景存在很大差异，但越来越多的企业从自身需求和痛点出发，根据所在行业的特点和业务发展阶段，开展一系列成本较低、见效较快的数字化项目。未来企业仍需保持战略定力，把握节奏，有针对性地分阶段、分步骤推进数字化转型项目。此外，更多企业意识到数字化发展需要业务和技术双轮驱动，单纯进行技术层面的升级将使数字化成为空谈。在企业推进数字化发展过程中，业务部门和技术部门的结合将更为紧密，企业组织架构和工作流程将加速调整，高管角色将发生转变，以形成彼此交叉协作的敏捷型团队，而适时适当的激励和保障机制将成为数字化发展的催化剂。

（四）信任成为数字时代新通货

数字技术对于人们生活的重要性毋庸置疑，企业通过大数据、人工智能等手段为消费者提供了丰富的产品或服务，但推出技术产品和服务所用的方式和方法，逐渐引发人们对技术的一些质疑，如大数据杀熟、促销规则繁复、搜索竞价排名导致广告充斥页面、会员自动续费、隐私条款深藏、会员被"割韭菜"、房地产开发商安装人脸识别系统判客等，有些企业利用自身在数据存量方面的绝对优势，自行决定数据的共享和使用规则，以数据垄断获利并控制用户，在社会上形成广泛争议。未来数字化能否实现进一步发展，将取决于企业对技术应用的态度是否慎重，能否与用户、社会建立良好的信任关系，以及政府能否制定新的法规制度以提升监管效能。

三　推进我国数字商务健康发展的建议与思考

加快商务数字化发展，畅通国内大循环，是立足扩大内需战略基点，激发消费潜力，建设现代商贸流通体系，打通内循环堵点，促进形成强大国内市场的现实需要。

（一）紧抓科技创新，积极推进数字化转型

实体经济是基础，商务领域企业完备的产业体系、强大的动员组织和业务转换能力，为防控新冠肺炎疫情提供了重要的基础性保障，发挥了积极作用。因此，企业一方面要对自身优势有全面的梳理和认知；另一方面要通过数字化手段，与互联网融合，平衡用户、期望、技术潜力和商业目标，与各方建立更为牢固、更加互信的关系。一是制定愿景。制定全面、整体的数字化发展愿景，通过对具体业务的深刻理解和剖析，将数据、技术等先进要素融入业务中，通过数字化创造价值。二是选择路径。以核心业务、重要环

节、重点人群为导向，依托资源禀赋和人力资源效率，选择适合自己的数字化路径，合理安排转型进度。三是注重保障。一方面需要在组织内营造和维持一种科技创新的文化氛围，另一方面在协同执行过程中持续做好人才培训工作，解决实践问题，连接人才与技术，更好地应对挑战。四是实在落地。由业务需求和业务战略驱动，利用数字化工具将管理嵌入日常工作中，降低成本、提升效率与流程可视度，通过实实在在的变化真正落地变革。

（二）变革供应体系，实现全链路数字管理

需求侧的数字化已相当普及，并围绕用户建立起覆盖消费偏好、潜在需求的丰富标签，为顾客提供了新的生活方式和购物体验。这些围绕需求侧的数据应用与治理的经验、方法论，理应具有应用到供给侧进行业务创新的潜力。一是洞察供应价值。聚焦供应链、产业链各环节数字可视化形成的价值链，构建资源优化配置决策闭环，逐步挖掘跨环节、跨企业、跨行业的协同机会，以数字化生态视角深刻理解价值链进一步向上跨越的环境、规律、模式，并不断结合特性适时调整，更迭数字治理能力。二是释放技术价值。数据是生产要素，算法和算力则是整体运作的基石。利用需求侧应用积累的算法，对商务领域上游更多人机协同、大量复杂决策以及逻辑操控任务进行模拟演绎、最优决策计算、持续反馈调优，推动决策由人工经验驱动转向数据驱动，优化提高供给效率；发挥算力提升优势，实现更高层级的跨企业、全产业链协同，全面、深度支持价值链大规模并发实时数据处理，纵深挖掘价值链各细分环节的提升潜力。三是掌控场景价值。将需求侧场景建立起的全局性、全过程数字化触达应用到供给侧，通过不同具体场景的数字变革，加强对场景中资金流、信息流、物流的掌控能力，提升供给侧人员在操作场景中的成就感、体验感，为各环节提供更具操作性的解决方案。

（三）探索创新模式，推动线上线下平衡发展

随着数字化核心焦点从需求侧向供需联动转换，互联网的功能由过去的"连接"转为"赋能"，并从"工具"成为"基础设施"，平台企业有必要摒弃过去"赢者通吃"的流量思维，深入了解产业链的异构性与复杂性，通过垂直专业优势与多方协作共赢，推动线上线下平衡发展。一是转换思维。从"以客户为中心"出发构建核心商业竞争力，将线上线下产业链各环节优势集中于商品品质和服务水平的提升，避免不必要的内耗投入。二是发挥优势。在各类行业生态中找准定位与切入点，最大化发挥互联网创新带来的数据、技术、场景等竞争优势，寻找转化数字化价值突破口。三是补齐短板。在发展过程中注重垂直深耕，建立对具体业务场景的理解和洞察，深入一线积累经验、诊断问题、优化效率，以及进行必要的全面改造。四是优化机制。建立问题导向的保障机制，注重相互尊重、共享共创，灵活配置人力物力资源，按需调整支撑业务落地。

（四）加强政府服务，提升数字治理能力水平

充分利用已有信息化发展成果，加快完善数字政府建设制度体

系，加强数据有序共享，依法保护个人信息。一是统筹规划系统设计。坚持系统性观念做好统筹谋划，建立健全政务数据治理体制机制，持续完善有作用、可持续、能扩展的政务服务平台建设，实现有效市场与有为政府的有机结合，提升政务服务整体效能。二是数据流通合作共赢。积极联合各类主体参与政府数字化发展建设，探索合作制度与标准建设，确保数据安全的前提下，引导企业发挥技术优势，培育形成数字政府的良好协同机制。三是完善制度规范指导。制定政务数据资源开发利用制度规范，进一步严格管理政务数据交换流程，推动政务数据资源使用应用的制度化、规范化、法制化。四是科学决策精准分析。建设政务服务数据应用平台，利用数据实时归集、数学建模仿真、人工智能筛选处理等技术进行主题化分析和政策模拟，为应急保供、指挥调度、监测调控等工作提供数据支持及决策依据。

（五）加快贸易数字化发展，实现贸易强国战略目标

第一，科学应对疫情给国际贸易带来的短期挑战。疫情期间我国外贸的超预期表现足以证明，贸易数字化是应对疫情最有效的方式。当前，海外疫情仍在持续发展，人员往来、海外参展和物流运输受阻，外贸企业面临接单难、履约难、贸易壁垒多等困难，通过贸易数字化可将以往的线下贸易转移到线上，利用线上展示、线上洽谈、线上支付等数字化技术突破各种阻碍和壁垒。云端、直播、VR（虚拟现实）、3D 等数字化技术在疫情期间的大规模应用，打破了疫情造成的人流和物流阻隔，实现了海外营销全时空覆盖。数

字营销和外贸大数据的应用可以使企业线上精准开发客户，利用跨境电商平台把产品销往世界各地。

第二，充分认识数字化对贸易高质量发展的作用。贸易的竞争优势最终取决于产业和企业的竞争优势。贸易数字化将促使产业和企业的数字化转型升级，推动实现出口从以货物为主，到货物、服务、技术、资本输出相结合的转变，推动实现竞争优势从以价格优势为主，到以技术、品牌、质量和服务为综合竞争优势的转变。实现贸易高质量发展，需要创新贸易发展模式和培育贸易新动能，而贸易数字化在发展贸易新业态、形成贸易新动能方面起着非常重要的作用，提升贸易数字化水平是推动贸易高质量发展的必由之路。

第三，发挥贸易数字化在打通内外循环中所起到的巨大作用。外贸不仅是连接国内国际双循环的重要枢纽之一，也是形成更高水平开放和为国内大循环引入更多资源的关键。贸易数字化可以有效地打破由贸易摩擦和疫情带来的供应链受阻问题。贸易数字化的重要组成部分——跨境电商和海外仓的建设，可以让外贸市场更加多元化，更有效地突破各种贸易壁垒。

第四，发展数字贸易构建产业链新优势。2019 年 11 月，《中共中央　国务院关于推进贸易高质量发展的指导意见》正式提出要加快数字贸易发展。与信息通信技术高度相关的数字产业已成为推动中国经济增长最具活力的板块。2016 年中国出台了《网络安全法》，2020 年探索在浙江、上海等自贸试验区试点开展数据跨境流动安全评估，上海、北京等地积极研究制定促进数字贸易发展的行动方案，数字治理累积了有效经验。下一步，我国将明确数字贸易的发展定位，研究提出适合我国国情的数字贸易战略布局和工作举措，积极营造有利于数字贸易发展的治理环境，形成数字贸易中国方案。

第五，顺应全球经济科技发展的大趋势。当今世界正经历一场深刻的科技革命和产业革命，人类正经历着第四次工业革命，以互联网、大数据、云计算、物联网和人工智能为核心的数字技术正深刻影响和改变着传统的国际贸易。由数字化推动的新一轮全球化发展拉开序幕，世界经济和国际贸易格局正发生着深刻变化。各国在角逐数字贸易的同时，也在加快传统贸易的数字化转型，以抢占贸易数字化的制高点。贸易数字化正是顺应世界经济和科技发展的潮流趋势，我国可借助贸易数字化契机，加速实现从贸易大国向贸易强国转变。

第六，提升贸易便利化水平，改善外贸企业营商环境。数字化技术在贸易各环节的应用可以大大提升贸易便利化水平，比如国际贸易单一窗口、智能关务、智慧物流、数字仓储、外贸数字综合服务平台等，都能大大降低贸易成本、缩短贸易流程、提高贸易效率。随着区块链技术的日益成熟，其在贸易流程中的应用将给贸易带来颠覆性的变革。同时，与外贸新业态、新模式相适应的全新监管模式和监管体系的建立，也将大大提升贸易便利化水平，从而改善外贸企业的营商环境。而营商环境的改善又能大幅度地帮助企业降本增效、增强国际市场竞争力。

第七，积极参与贸易数字化领域的国际规则制定。要对 TPP、GATS、RECP 等协定进行深入研究，对其战略意图进行精准研判并且加以吸收和利用。一方面，要积极参加国际服务贸易协定的谈判，发出中国声音，贡献中国智慧；另一方面，要在现阶段和接下来的双边或多边贸易协定中，加入中国主张的数字贸易条款，抢占数字经济发展的制高点，在国际规则的制定中争取更大的主动权。

第四章
专题篇

一 流通领域各行业数字化发展情况报告

（一）超市数字化发展报告

当前，一站式生活消费服务中心成为流通领域发展的重要模式。新世代消费主力群体无论是知识水平还是视野广阔程度都有较大跃升，时间意识明确以及举家出行的特点，使相当多独立大卖场、超市逐渐失去竞争力，超市业目前正相继迭代探索新业态、新模式，如无人店、大小店、到家服务等，但总体上主战场仍在线下，着力点依旧在卖场本身。展望未来，一方面，供应链优势加上数字化技术的降本增效可为行业长期发展奠定基础；另一方面，日常生活用品高频、刚需消费特征，以及亲身感受的鲜食货品与烟火气息依然是超市独有的核心竞争力之一。超市业既需要通过精益求精的选品和更为优质的服务使自身成为消费者日常生活必需的消费目的地之一，也应进一步在可行范围内扩大数字化在线上、线下场景的应用，保持自我进化与革新的能力。

1. 超市数字化发展现状

（1）数字化进展

中国连锁经营协会年度调查显示，2019 年中国超市百强销售规模为 9792 亿元，同比增长 4.1%，约占全年社会食品零售总额[①]的 18.1%；超市百强企业门店总数为 2.6 万个，比上年增长6.6%。前十位百强企业销售额达到 5809 亿元，占百强总销售额的 59.3%，具有较明显的行业集中度。2019 年百强线上销售额接近 500 亿元，比上年翻一番，占总销售额的 4.7%。近 1/3 的百强企业已在全部门店推出到家业务，到家业务客单价约 75 元，社区拼团、网上直播等数字化营销手段逐步开展。其中，百强企业中有近六成开展拼团业务，销售占比约为 1‰；另有近半百强企业尝试线上直播业务。

新冠肺炎疫情突袭而至，作为贴近消费者生活的重要零售业态之一以及保障民生商品的主要渠道，超市作用更加突出和显现。中国连锁经营协会发布的《连锁超市经营情况报告（2020）》显示，近八成企业销售正增长，平均上涨 29.2%。2020 年前 3 个月，虽有 53.1% 的企业门店客单数下降，但仅有 21.4% 的企业销售同比下降，平均下降 7.7 个百分点。疫情促进超市企业线上销售的发展，线上销售同比增长 257.3%，线上订单数量同比增长 181.6%。

为了解超市企业数字化发展情况，中国国际电子商务中心在

[①] 全年社会食品零售总额包括粮油、食品、饮料、烟酒类商品当年度的零售额。该零售额由限上单位各分类的零售值合计，加上估算的非限上单位各分类的零售值合计，2019 年估算值总计为 54088.1 亿元。

2020 年对超市行业近千家企业展开问卷调查，共回收有效问卷 835
份。从结果看，超半数企业已开通线上销售业务，地区分部开通比
例较高。从线上销售业务开展情况看，52.1% 的企业表示已开展线
上销售业务，其中超市总部、地区分部、直营店已开展线上销售业
务的比例分别为 56%、73%、38.9%。从开展线上业务的渠道看，
入驻第三方电商平台和自建小程序是企业开展线上业务的主要途径，
两者占比合计达 70% 左右；自建 App 方式比重较低，不足 20%；随
着直播的兴起，不少超市企业纷纷加入，开展直播带货的超市总部
比例达 13.4%。从企业类型看，超市总部选择自建微信小程序的比
例较高，达 40.5%；地区分部、直营店选择入驻第三方电商平台的
比例较大，分别为 35.7%、40.9%（见图 4 - 1）；值得注意的是，
仍有接近一半的企业未开展任何线上销售业务。

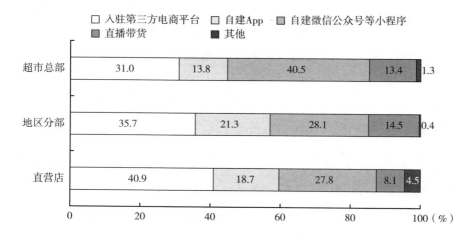

图 4 - 1　开展线上业务的被调查企业渠道分布情况

资料来源：中国国际电子商务中心。

另有 1/3 企业的商品信息库还需完善。从进销存管理情况看，绝大多数被调查企业建立了包含商品品类、条码、规格等信息的商品库，且半数左右企业商品信息库较为完善，30% 左右企业商品信息库还需继续完善（见图 4 – 2）。

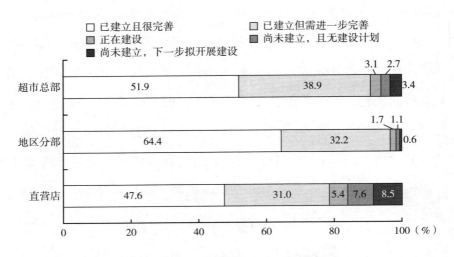

图 4 – 2　被调查企业的商品信息库建设情况

资料来源：中国国际电子商务中心。

超市信息系统使用广泛，系统升级集中在数据分析、办公自动化和仓储物流方面。从被调查企业当前信息系统使用情况看，无论是超市总部、地区分部还是直营店，均已广泛使用各类系统，使用率排名靠前的分别是库存管理系统、采购管理系统、财务管理系统及供应链管理系统（见图 4 – 3）。从系统升级需求看，排在前 3 位的分别是数据分析系统、办公自动化系统和仓储物流系统，占比分别为 49.2%、46.5% 和 43.8%。

超市系统建设主要以委托软件厂商开发、付费使用第三方

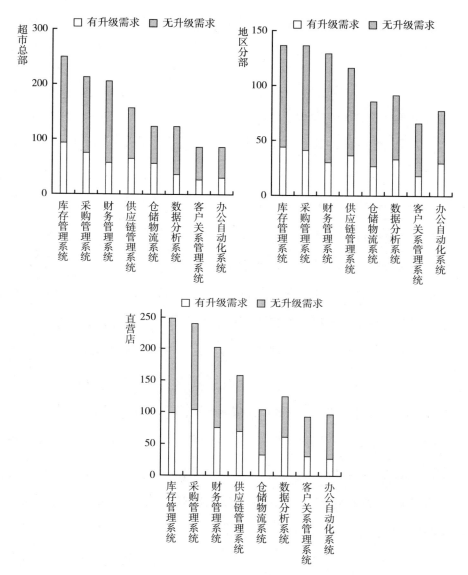

图 4-3 被调查企业当前信息系统使用情况

资料来源：中国国际电子商务中心。

云服务软件为主。在信息系统建设方式上，委托软件厂商开发、付费使用第三方云服务软件以及两者兼有占比合计超过 70%，总部提供方式比重为 23.9%；在系统运行环境上，自建机房、购买外部云服务及两者兼有占比分别达到 25.1%、35.2% 和 12.4%。在未来意向上，37.5% 的企业选择不确定，对未来数字化发展方向的不确定性较大；委托软件厂商开发、付费使用第三方云服务软件以及两者兼有占比分别为 9.9%、16.3% 和 16.3%（见图 4 - 4）。

（2）数字化实践

互联网时代新技术迭代令越来越多潜在消费需求浮现出来，在需求驱动市场的阶段，企业通过信息化技术应用更便于获取消费者需求，甚至可以预判、引导消费者购买行为。各环节消费行为信息的积累分析形成有效的消费者画像，进行消费行为预测、分析，使企业更加懂得消费者，并在多个领域开展实践。

——到家业务。京东到家推出"到家新鲜菜场"项目，初期有 56 家连锁超市加入；饿了么口碑新增 10 万家门店；华润万家、大润发、沃尔玛、永辉、联华等零售商开发了 App、网站、小程序、到家平台等上线运行；多点助力武汉中百深度数字化转型，新冠肺炎疫情期间到家订单同比大幅增长，供应了武汉市场 85% 的蔬菜需求。

——数字会员。天虹依托数字化运营和支付方式变革实现会员高度数字化，部分门店会员数字化程度可达 90% 以上。天虹通过零售数字化系统技术工具，实行会员管理，了解会员行为，制定会员标签，绘制会员画像，由系统根据会员画像，定期推送个性化的精准营销任务。

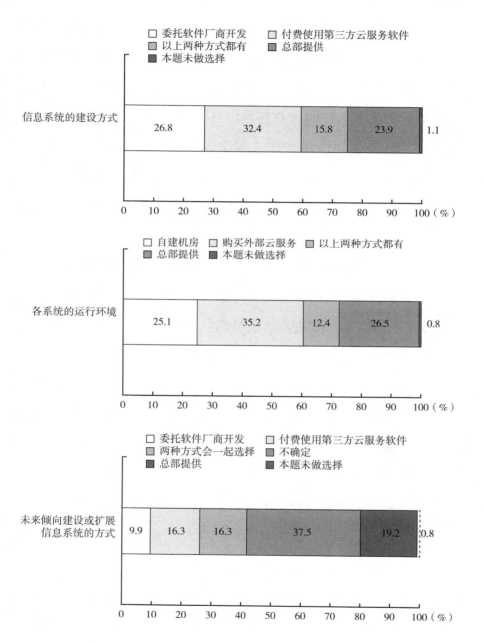

图4-4　被调查企业信息系统解决方案情况

资料来源：中国国际电子商务中心。

——精准营销。卜蜂莲花利用 AI 技术全方位埋点透视消费者线下购物行为，自动形成精准顾客群体和会员画像，并进一步自动生成精准营销和运营建议，提升店铺数据分析效率 95%，提升促销选品效率 50%；同时结合新颖的线下互动方式优化到店客户购物体验，使会员自助注册转化率高达 68%，优惠券核销率超过 65.4%，综合会员覆盖率提升到 57%，个性化精准优惠券使客单价提升 7%。基于精准客户画像和数据科学模型的店外精准营销减少 14% 的客户流失。

——生态协同。永辉与腾讯深入合作，在门店大规模引入扫码购、微信小程序等智慧零售解决方案，在免除消费者排队烦恼的同时，腾讯还帮助永辉实现顾客会员的数字化管理，进一步对到店顾客进行"千人千面"的商品推荐。永辉到家服务可以让消费者在家享受购物，通过永辉生活 App，或者永辉生活小程序下单，来自永辉生活卫星仓的生鲜和好货，能在最快 30 分钟内配送到周边 3 公里内的地点。

（3）数字化问题

当前我国超市业经营依然保持支撑百姓基本民生需求、集中采买目的地的商业定位，但随着运营成本不断增加、电商平台挤压市场、单独卖场难以满足消费者多元需求等影响日益显现，经营受到制约，数字化发展面临资金、技术、人才等多重挑战。

消费者需求升级，经营方应对缓慢。随着"95 后""00 后"日渐成为消费市场主力军，加之人口老龄化进程加快，百姓消费诉求日趋多样，现有超市经营业态，特别是与其他综合商业难以形成协同联动效应的门店不易获得消费者青睐。消费者需求已不局限于商品价格、品质以及品牌供应，更多来自自助收银选择、线上促销方式获取、配套餐饮及停车等多元软服务体验。超市行业受限于原有经营模式和盈利方式，对需求转变的敏感度及数字化建设的反应较为迟缓。

配套设备成本高，转型压力也不小。一是供应链数字化建设投资大。通常超市产品的库存保有单位（SKU）较多，需大量对接上游供应商和直采基地，供应链条各企业数字化进程不一，方式相比，短期内大规模数字化改造投资较大，接受程度低，企业积极性不高。二是运营成本持续增长。零售行业各业态间竞争激烈，优质门店资源稀缺，租金飞涨且人均工资水平不断攀升，同时企业如进行数字化转型，与之相关的电子价签、视频捕捉、机器学习等配套软硬件也是一笔不小的支出，在这种情况下，企业转型仍以稳为主，进展较慢。

电商平台冲击大，物流配送是短板。超市以提供生鲜和全品类日用品为重点，一般在卖场周边具备较好的群众基础，但与其他超市品牌及电商平台产品差异化程度不大，易造成顾客流失。特别是以京东等为代表的具有较强物流配送能力的电商平台，它们可以更低的价格、较快的速度配送大量商品到家，进一步降低消费者必须前往超市选购商品的必要性。凯度消费者调查显示，有67.6%的顾客选择电商渠道是由于电商提供送货上门服务。另外，相比门店销售人员介绍，消费者更倾向于通过电商平台的用户评价功能进行选购决策。

2. 超市数字化发展趋势

利用数字化达成产品服务与消费者需求的极致融合。数字化模式下企业将以消费者价值为优先把握需求，扩大用户基础，形成全新盈利模型，并通过数字化精准读懂消费者，进一步营造良好的营商环境，优化顾客购物体验，提供更好的配套服务。

（1）优选产品形成刚性吸引

我国超市品类以果蔬生鲜及日用快消品为主，且拥有较强供应链优势，与其盲目扩大品牌品类，不如依托数字化手段进行大数据分析，明确细分门店目标客群，优选商品、留住精品、推出新品，以众多供应商产品中门店销售竞争力强、与线上平台差异化大的商品为核心，瞄准辐射范围内消费者潜在需求形成刚性吸引力，辅以标准化超市商品和周边商铺非标商品，合力扩大到店顾客流量。

（2）精准服务融入顾客需求

数字化手段不断丰富的背景下，超市企业有更多的方式进一步了解客群信息及具体需求，从而有针对性地提供产品和服务，提高客流转换能力。比如，针对工作忙碌的上班族，提供经预加工而成的成品及半成品预制菜，针对老年群体，提供字大醒目的促销海报；炎热夏季提供方便冷鲜食品打包的冰块，新品上市时可提供与产品配套的搭配方案、制作步骤等，让消费者体验到电商平台没有的服务，看到线上评论区都看不到的商品攻略和个性化推荐。

（3）人机配合提升顾客体验

数字化终究是工具、是手段，更好读懂和贴近消费者所求所想，仍需要企业对数字化精准捕捉结果的敏锐感知和创新实践。经数字化设置的选购动线是否合理、优选商品的陈列位置是否足够吸引、看到精心手绘的推荐食谱与选购搭配时买家的表情、消费者选择自助结账和人工服务通道的踌躇,都需要一线员工在现场亲身体会。卖场之内既要有促销寒暄的烟火气息,也需要数字智能带来的更多便利选择。

3. 超市数字化发展建议

(1)构建共建共享的数据资源体系

建立和完善超市商品数据资源目录体系,强化数据资源统筹规划、分类管理,开发建设数据共享平台,推进企业、行业、机构间数据共享互通。一是对接大数据营销。利用供应商优势,引导核心单品营销并进行人群推送、优惠券发放、短信等触达,通过提供的精准大数据算法,使企业每日更新营销策略,为营销投放和选品提供科学指导。二是对接大数据管理。在门店管理、消费者洞察、O2O业务拓展等细分场景中,对接企业需求与供应商技术资源,为企业经营带来更多数字化运营方面的提升。三是对接大数据会员。通过打通平台企业开发会员体系促成会员融合,使企业共享庞大的超市业会员权益和资源,使消费领域进一步扩容。四是对接大数据支付。通过供应商支付聚合系统解决高峰排队支付、自助排队支付等问题,实现24小时购物,跨越式提升消费体验。五是对接大数据培训。通过联合平台企业输出导购培训、运营技能培训、社群营销培训、精准服务培训等提升业务运营技能。

(2)构建全面覆盖的数字应用体系

构建整体协同的数字化转型服务业务应用体系,逐步实现数字化全业务覆盖、全流程贯通。一是满足数据需求。强化数据运营分析研究，全链路数字化深度洞察，精细化零售效率，让数据增值。二是强化协同应用。链接供应链各层级任务管理、促销员管理系统、门店数字化工具提高效率，通过及时的信息反馈优化供应商的选择和商品引入。三是提升陈列展示。基于消费大数据分析为周边用户量身定制门店选品陈列和商品开发，并配套定制售点周边场景体验式布局。四是提高业务效率。通过数据挖掘与业务一体化提高效率、降低成本，支持门店快速选址与扩张，实现精准订货、自动补货，加快库存周转。

（3）构建创新便利的战略伙伴体系

深入开展供应链整合与跨界合作，与电信、邮政、石化、物流、交通等企业撮合业务联系达成战略合作，力争在门店选址、票务服务、积分互用、快递收发等领域发掘创新动能，展开深入合作。充分利用电子签约、电子证据、企业征信、云追溯等中心公共技术服务组件，实现统一数字化管理。建设一站式集约化平台和移动应用汇聚平台，形成标准化服务支撑。统筹实施数字化转型服务网络安全建设，对网络运行状态、数据信息传递等进行实时监测，加强基础设施和终端安全防护体系建设。

（二）百货数字化发展报告

1. 百货数字化发展现状

（1）百货数字化发展历程

积极发展期。随着互联网零售渠道的崛起，百货业态承压明显，由于电商初期主要冲击家电、化妆品、服装等品类，对百货公司构成较大压力，因此在早期开展电子商务业务的企业中，百货公司占比较高。百货企业开始与电商平台合作或由企业自建网上销售平台，以期对线下渠道形成补充。2010 年，小红帽商城加入山东省商业集团总公司，成为银座股份旗下的综合网上购物服务平台；2013 年，王府井百货、武商集团等机构的官方购物网站上线。随着移动互联网的高速发展及智能手机的普及，原本个人电脑端购物网站逐渐成为移动端导流的入口，App、小程序、微信公众号等新的营销形式层出不穷，百货店也及时推出免费无线上网、电子支付等服务。除销售环节外，数字化开始逐渐进入企业各核心业务流程，包括运营管理、会员管理、供应链管理、商品管理等，成为企业智能运营的保障，同时，企业开始注重挖掘数据价值，提升企业的管理、决策水平。可以看到，百货行业数字化创新转型步伐不断加快，发展积极性普遍较高，但由于部分百货公司采取联营模式，对货源渠道、库存情况和商品价格等情况掌握有限，难以形成快速市场反应，电商业务发展存在较大困难；各企业对数字化的重视程度和推进力度也不尽相同，发展程度和水平开始出现较大差异。

升级加速期。为全面探索零售业态升级，当前多数百货企业开始构建"实体＋线上＋移动端"全渠道数字化模式。百货数字化转型从线上销售、电子支付等层面逐步拓展到包括战略、组织架构、业务、渠道以及营销等各领域的系统化工作。基于日常积累的商品和消费数据，连通采购、生产、供应、营销等各个环节，从消费者体验切入技术开发应用，推动中后台核心流程数字化转型升级，对消费者、供应链和场景精细化运营实施全链条管控，围绕顾客、商品、服务、营销、供应链以及经营管理等各个方面打造数字化百货。例如，工作流程的全面电子化，欧亚集团依托于供应链体系和线下会员规模，将顾客管理、商品管理、营销管理、支付管理等行为实现数字化管控、数据化经营；数字化会员人数不断突破，截至 2019 年底，天虹整体数字化会员人数约 2355 万人，数字化会员销售占比 73.6%，银泰数字化会员突破 1000 万人；优化供应链改善效率，通过数据分析系统，快速得到每个商品的库存、销售、毛利等各项数据，方便门店优化商品库，同时还能挖掘出有潜力的单品。这些紧随消费者需求和时代趋势要求的互联网科技应用，与企业商品力、服务力、场景体验打造能力一体化协同提升，与线上、线下全渠道融合发展，并通过轻量化的小程序、微信公众号、直播间、社群等进一步完善移动端渠道，将更多的生活场景、生活方式融入百货业中。

全面爆发期。在新冠肺炎疫情暴发、"新基建"得到大力推进的背景下，整个社会加速向数字化转型。受疫情影响，百货企业大量原定业务进程和市场计划受阻，客流骤减、销售下滑，而人力、物流等经营成本上升，现金流严重短缺，如何运用数字化手段优化流程、降低成本、拓展市场变得更加紧迫，这些都成了企业谋求数字化转型的驱动力，推动百货行业数字化布局进程全面加速。同时，疫情使得数字渠道使用率大幅上升，"无接触服务""云逛街""云购物"成为众多消费者的新选择，为消费者带来足不出户就能"逛店"的体验。不少百货企业将数字化方案前置，提前完成或者大大缩短了预期的各项数字化改造进程，加大线上推广和新工具使用，及时调整营销策略，联动优质品牌商尝试探索直播、社群等线上购物新模式，开展无接触配送到家服务。数字化建设本身和数字化带来的业务增长，成为行业复苏增长的一大动力。如今，线上平台、移动平台成为线下实体百货店标配，社交、媒体等电商之外的平台流量影响力持续强化，新概念、新模式催生了千店千面的新气象，各种新业态层出不穷，百货数字化发展逐渐成为常态。

（2）百货数字化实践探索

①前台数字化。

在市场推广方面，百货店结合商场、超市等各个消费场景，以App、小程序、微信公众号、网上商城、直播等为数字化营销工具，充分发挥社交流量与场景优势，完成这两方面的优势互补。通过多样化的线上营销方式对消费者进行有效触达，并进行互动、提供服务等，线上、线下两个场景形成有效的衔接、互动及引流。越来越多的百货企业在营销过程中对消费者数据进行积累整合，并利用新技术对其进行分析进而成为决策的工具，通过优化商品组合及为顾客提供个性化产品和服务，以实现精准营销，同时增强店面场景化、立体化、智能化展示功能，提升综合服务能力，增强百货店整体消费体验性。

在商品销售方面，百货店通过引入小程序、第三方平台等数字化销售方式，开展网订店取和配送到家等多种灵活的服务形式，线上业务量取得较快发展；通过与第三方物流合作，到家业务的服务范围不断扩大，时效性得以增强；在支付阶段，将自有POS系统整合主流支付平台，提升消费者支付体验和效率，并应用严格的数据安全策略，使收银系统与第三方平台对接，降低安全风险。此外，百货店也将数字技术应用于消费场景。

在会员管理方面，除基本信息、线上浏览交易等数据外，通过智能设备（如热力或手机信号动线、商品触摸采集、货架动态识别、人脸识别等）积累顾客从引流、选购、交易和后续互动这一整个过程中的行为数据，全面了解顾客需求，支撑和指导门店、导购针对不同客群设计互动场景，实现顾客会员数字化管理，更好地为顾客服务。基于大数据分析，对会员消费能力、消费喜好等方面进行精准画像，捕捉消费行为，挖掘消费动机，从而推送精准营销，提升顾客购物体验，提高交易效率，提升会员黏性，并对消费需求做出预测，以此为依据对商品经营及时做出调整和响应。

在顾客服务方面，实现商场活动、商品、优惠券等对目标顾客的直接推送，消费者能够便利地在线搜索门店及商品，同时方便快捷地获取各种服务，例如，百货店内实现 WiFi 全覆盖，并通过使用各种支付渠道进一步扩大非现金支付，部分百货店将停车场改造成为无人值守停车场，支持刷二维码自动缴费等。

②中台数字化。

在供应链方面，打造供应链管理平台，借助数字化与品牌商、渠道商共同构建全渠道供应网。将所有经营数据都放在互联网平台上，各级用户根据授权查看其在百货店经营数据及结算数据，实现数据在线及自动对账、付款等，避免了烦琐原始的人工核对及出现差错等问题，并使企业信息流、资金流趋向于自动化，提高了工作效率和管理水平。通过深耕供应链体系，与广大品牌商、渠道商形成良好合作，实现销量预测、库存管理等，降低整体成本，提升商品流通效率，采用算法实现商品配置和品类结构的优化，使快速响应市场变化和消费者需求成为可能。

在商品管理方面，百货公司经营的商品类型多种多样，门店配送以及线上订单配送的整体发货量都比较大，通过为商品引入电子标签，采取精细化管理，对包括百货商品基本信息、销售数据、库存周转情况在内的全环节信息进行数字化管控，加强从生产端、中转端到销售端的快速响应、精准调动以及商品溯源管理，实现线下有现货可买、无现货可快速配送，线上订单及时快速履约，提升供销协同关系。

③后台数字化。

建立大数据中心及基于云的计算平台，打造后台一体化管理系统，全面打通办公自动化、业务系统、财务系统、会员系统、数据分析决策平台等核心管理系统，旨在适应新形势下的管理需要，建立起强有力的后台支撑体系。例如，数据决策分析平台，主要从百货店品类、品牌、商品、会员、客流、楼层等进行全方位、全维度的数据挖掘，给经营管理者提供决策依据，并将所有的关键考核指标实现数字化，使管理者能及时掌握"人、货、场"的经营状态从而实现动态化管理，为企业决策、运营提供强有力的支撑。

（3）百货数字化面临的问题

一是阻力大。百货企业的数字化往往涉及现有业务流程的全面重组，包括经营模式、组织架构的转变，加上数字化过程中资金、人力的大量投入，企业决策领导层对前瞻性的趋势认知需到位，要眼光长远，才能制定清晰的数字化战略规划。部分百货企业因习惯于长久以来的经营方式，容易缺乏变革活力。此外，数字化带来的变化并不是一蹴而就，而是需要较长时间的积累，经营业绩在短期内难有明显提高，后期回报也难以精确测算，因而，也存在部分百货一线人员和供应商在商品数字化层面的配合意愿及执行力不高的情况。

二是难度高。传统百货店的数字化，包括互联网技术、数据库建设、大数据挖掘与分析技术、人工智能等在内的软硬件并举，还有诸多复杂的业务场景、用户数据安全、线上营销、订单管理、交易支付、供应链整合、商品管理等问题。此外，百货业态具有商品库存保有单位多、单品库存量少、季节性更替快等特点，加上百货以联营为主，一般只管理到品类或品牌，无法及时掌握店内具体商品信息，而在会员数据打通、流量共享等需求窗口，百货企业与品牌租户双方若配合度不高，则无法轻易就数字化方案达成一致并持续推进，供应商等外部信息的获取就更加困难。

三是成本高。近年来，传统百货发展放缓，市场份额受到挤压，盈利空间不断缩减，行业本已进入低迷阶段。而数字化建设需要高额的投入，包括人力、资金、技术等，搭建前中后台和开发数字化工具，并进行后期运维等，使原本就面临较大经营成本压力的百货企业雪上加霜。若数字化整体路径不清晰，或并没有与企业运营实践紧密结合，导致建成后实际利用率不高，缺乏后续管理、维护和升级等，则数字化相关管理系统等容易变为无用的摆设，成为企业的沉没成本。

四是人才缺。在一般会员统计、支付管理等方面，中国百货店走在前面，但是在对深层次的数字化管理和运营分析、对消费者大数据信息挖掘等方面的人才体系建立，相对于电子商务企业，仍有较大提升空间。部分百货企业数字化运营人才相对缺乏，现有员工对数字化的概念和功能认识不足，或是存在对数字化的片面和错误的理解，亟须搭建数字化人才梯队。

2.百货数字化发展趋势

（1）深化百货业数字化转型

当前，全球数字化发展进程不断加快。从市场营销、宣传策略，到业态规划、商品调整，再到企业长远的发展战略规划，数字化对百货业已产生并将持续产生巨大影响，并推动行业加速转型升级。传统百货企业应从多方面入手，推动全方位数字化建设，充分考虑业务逻辑、技术升级、数据融合等多方面的内在关系，应用大数据、人工智能等技术进行产品创新、业务创新、模式创新、业态创新、服务创新，从而实现行业整体转型升级。同时，充分发挥龙头骨干企业在数字化转型过程中的示范作用，促进行业提升数字化管理运营能力。此外，努力发展数字化转型外包服务，引导互联网龙头企业向社会开放、共享数字化成果，促进中小型百货企业实现数字化转型，全面深化数字化驱动下的百货企业转型与升级。

（2）构建数字化营销新模式

数字化的发展正全面改变百货行业原有营销模式，并将持续深入。一方面，百货企业以供应链为抓手，以用户体验为核心，融合企业内部和外部资源，借助数字化对内在商品和服务进行重构，选择符合消费者需求和品牌定位的商品组合，全面提高供应链管控能力、运营协同能力，降低各环节的成本，建立起更敏捷、更高效、以数据驱动的运营模式；另一方面，企业应积极促进线上、线下信息传播、会员服务、运营管理等的全渠道融合，抓住新兴数字化互动形式迅速涌现的机遇，通过与消费需求相匹配的大数据分析，进行目标人群细分，形成更清晰的定位，探索销售新模式，进行多样化渠道推广及精准营销，顺应我国消费品市场向品牌化、品质化方向稳步发展的趋势，满足人们的新兴消费习惯。

（3）打造出色数字购物体验

随着社会生活水平的提高，国内消费升级趋势明显，消费者对产品服务、购物环境和购物体验的要求不断提高，在新冠肺炎疫情及国内大循环为主体的背景下，需求端逐渐呈现消费多样化发展态势，民众的购物行为也发生重要改变。未来百货店线上、线下融合程度将继续加深，通过线上、线下的相互引流融合，打破线上、线下的界限，细分定位寻求差异化，丰富消费者购物体验，多样化的配送服务也可以扩大非到店顾客流量，对潜在消费者形成吸引力。此外，百货店拥有线上购物不能比拟的同消费者面对面接触的优势，应利用数字化发展契机，以富有亮点特色的商品和体验为核心，充分利用信息技术手段尽可能地塑造、挖掘新的消费场景和模式，使商品和服务类型更为多元化、精准化、人性化，通过数字化"读懂"和"贴近"消费者，增加服务性消费、体验式消费的比重，强化服务细节意识，提供个性化消费服务，给消费者带来更加便捷、贴心、愉悦的购物体验。

（4）推动产业链的深度融合

数字化正推动百货全渠道融合发展，形成线下线上相辅相成又各有侧重的协同发展格局。通过整合资源、相互渗透，使线下物流、服务、体验优势与线上商流、资金流、信息流加速深度融合，逐步打通数字化全业务、全流程，实现全链路数字化深度洞察。更重要的是，随着数字化的发展，以产业链为基础，利用大数据、云计算、人工智能、物联网、工业互联网等技术，将进一步促进零售业与服务业、制造业的深度融合。通过各行业数据的积累与共享，实现多方面多维度的数据实时化、统一化、可分析、可预测。在消费升级的趋势下，基于百货行业沉淀的数字化能力，全方位赋能制造企业和产业带，打造专业化、个性化、优质化的高品质商品及服务，提升产业链附加值，助力全产业链的发展。

3. 百货数字化发展建议

（1）从企业顶层开始做研究和部署

把数字化转型列入百货企业战略规划调整的重点，提高变革活力，从上至下推进并有效执行落地。随着数字化转型，企业业务模式、组织架构等方面也要相应进行优化调整、重组或变革，使数字化紧密贴合企业业务，进一步提升企业的精细化运营能力和经营水平，实现整体业绩增长。结合数字化的运用，打通消费者需求、购买与商品设计、生产、供应、库存等环节，进而有效结合产业链、供应链等，为推动品牌个性化、智能化生产，助力供给侧结构性改革添砖加瓦。此外，要实时跟进运行过程评价，实时显示百货企业数字化完成情况，增强经营者、员工、品牌商的获得感和执行力。

（2）建立基于各个环节的数字化系统

通过对"人、货、场"进行数字化升级改造，形成从采购端、物流端、消费端到服务端覆盖全产业链条一体化的数据沉淀、分析、共享，加强百货店与品牌商、供应商的配合，实现多方面多维度的数据实时化、统一化、可分析化。要根据实际情况，及时调整商品结构，灵活改变经营策略，立足门店区位、客户群体等因素，调整门店布局、商品陈列等，提升顾客购买转化率。考虑运用多种新技术推动精准营销，利用数字化营销在有效触达、效果衡量方面的优势，有效连接用户、提高留存转化、增加复购频次，在提升消费者体验的同时，努力提高企业运营效率、降低成本。

（3）采用多种方式推进企业数字化

通过自建团队研发完成数字化转型，自主性更强，但往往需要较大资金、人力投入，因此传统百货企业可根据实际情况，选择自建或是由数字化服务供应商为企业提供专业服务，帮助企业快速实现数字化战略升级。通过合理规划投入产出，制定清晰的数字化路径，对其业务进行整体规划和系统化集成，切实提高数字化的实际利用率。可以选择全面引入数字技术服务商对其进行彻底改造，获取一站式云端技术解决方案，也可以选择保留企业原有 POS 及 ERP 等信息系统，采用符合其需求的（如线上渠道、物流等）的数字化解决方案，或是入驻第三方网络销售平台、第三方代运营，加速数字化转型。

（4）完善数字化人才管理体系

做好人才规划，建立数字化人才标准，明确数字化相关岗位的任务及要求，对百货数字化人才应具备的思维、素质和能力制定量化标准；加大数字化人才培养，绘制数字化人才学习地图，特别是增加信息技术和运营管理、数据分析等方面人才储备，突破固有的管理范式，从管理体系方面为数字化专业人才提供支撑。此外，可以考虑借助数字化手段，对现有人员素质能力、工作状态、发展空间等进行人才画像，建立科学合理的个人评价体系，激发现有人员潜在能量，打造百货数字化企业内部人才供应链，为关键岗位源源不断提供数字化人才。

（三）便利店数字化发展报告

1. 便利店数字化发展现状

（1）便利店数字化发展历程

国外便利店的数字化进程起步较早，20 世纪八九十年代，日本便利店品牌 7 - 11 就导入了自己的 ERP 系统、区域系统以及 POS 系统，成为最早的数字化转型企业。我国便利店早期数字化主要体现在支付手段上，2005 年，以拉卡拉为代表的个人支付终端大规模部署到便利店，消费者可以利用拉卡拉完成转账、缴费、买票等操作。但此时便利店只是为拉卡拉提供部署场景，并非便利店本身数字化。

自 2000 年以来，技术进步为便利店数字化转型提供了重要驱动力。随着我国移动网络通信基础设施的升级换代，移动互联网快速发展。2009 年国家开始大规模部署 3G 网络，2012 年之后，随着智能手机在我国得到普及，以支付宝和微信为代表的移动支付手段迅速兴起。移动支付的快速发展成为我国便利店行业数字化转型的重要基础。2014 年国家开始大规模部署 4G 网络，移动上网速度瓶颈得到突破，极大地丰富了移动应用场景，移动互联网发展步入快车道，为便利店数字化转型提供了技术驱动力。此外，我国消费者消费习惯全面数字化，无论是移动设备的使用，还是电子商务和移动支付的普及，消费习惯的变化也对便利店提升数字化水平提出要求。

然而，这一阶段便利店数字化转型仍处在较浅层次的探索阶段，数字化转型集中在会员数字化、精准营销以及线上、线下渠道的打通。

广东美宜佳便利店通过分析其 2014～2017 年来客数和客单价变化发现，便利店的来客数在持续上涨，但客户消费的商品数量却在下降，客单价下滑。基于此，美宜佳开始了以会员数据化为主的数字化转型进程，通过后台系统对订单、发货、营销、库存进行管理，打通会员体系，更加精准地对顾客画像、总结需求规律，提高服务体验。此外，美宜佳开拓了线上渠道，与各大外卖平台合作，获取了线上流量和数据，通过分析线上数据，为顾客进行差异化的优惠推送和提醒。作为零售业中复购率最高的业态，便利店可以积累丰富的数据，而移动互联网、大数据、云计算等新技术和新工具的应用，使便利店积累的碎片化数据价值得到新的体现，使消费者数据的高效收集、整理、描述等成为可能，使供应链的数字化管理手段更加丰富有效。

2020 年以来，便利店数字化转型进程不断加快，特别是在新冠肺炎防控防疫常态化背景下，消费者居家隔离，到家业务、无接触购物需求骤增，为便利店数字化服务提供了新的应用场景，直接助推我国便利店行业数字化转型进入高速发展期。值得一提的是，以推动数字化转型为重要内容的各项指导意见、政策也在这期间密集出台。2020 年 8 月，商务部办公厅发布了《关于开展便利店品牌化连锁化三年行动的通知》，鼓励便利店应用物联网、大数据、云计算等现代信息技术，推广移动支付、可视化技术，提升门店智能化管理水平，鼓励便利店建立智慧供应链，以大数据驱动商品采购、库存管理、销售预测，对断货、过期商品等异常情况提前预警，推动全链高效协同，提高运营效率。

这一阶段头部便利店企业在数字化转型方面已取得一定成果，数字化不再局限于价值链每个环节单独的信息化、数字化，而是把不同环节之间打通，以破解孤岛为核心，实现各部门联动，在此基础上实现数据采集、分析、应用的畅通循环，达成科学高效的决策支持，甚至是部分领域的自动化、无人化运营。数字化转型典型企业便利蜂通过直营管理、系统研发和设备应用的方式，推进门店运营、物流供应、经营决策、食品安全保障等便利店核心职能的数字化转型，打造了统一管理、自动决策、高效运营的新一代智能便利店以及覆盖全国的直营连锁网络，实现了包括上游生产供应和物流配送环节的数字化改造和产业闭环布局，从而支撑其高速扩张。成立于 2016 年底的便利蜂，截至 2020 年底门店数量已超过 1800 家。

根据企业规划，便利蜂 2021 年的门店数将突破 4000 家，2023 年将达到 1 万家，跻身中国便利店行业前列。

但由于便利店单店规模小、数量多，从业态整体发展水平看，仍处在数字化转型初级阶段。2020 年 8 月，中国连锁经营协会发布的《2020 年中国便利店发展报告》显示，我国便利店企业运营效率远低于国际水平，57% 的企业仍处在数字化转型的初级阶段，27% 的企业处在中级阶段，16% 的企业尚未开始。

（2）便利店数字化实践探索

近几年，随着居民消费水平不断提升，我国便利店发展进入加速期，各品牌便利店扩张速度加快，但便利店在经营过程中始终存在一些亟待解决的痛点与隐患。

一是选品缺乏有效依据。便利店的核心是商品，选品是一家便利店至关重要的决策，好的选品能够满足不同顾客需求，培养固定的、忠诚的顾客会员，增加长期复购率。选品应综合考虑店铺位置、周边客群、商品成本等要素，甚至要考虑不同时间段进店消费者的特点及需求，因此，便利店的选品方案不具有可复制性，需一店一策。而传统便利店选品过分依赖店长经验，错判、误判时有发生；销售策略、商品陈列等受库存影响大，无法根据需求及时调整；高缺货率、高损耗率并存，不仅增加便利店成本，也很难精准贴合顾客需求，影响到店体验。此外，商品种类更新较慢，低毛利率商品不能及时清空，高毛利率商品无法及时上架，直接影响便利店效益。

二是缺乏精准、统一的会员管理。便利店的客户流动性很大，要想不断提升店铺的销售额，就需要制定有效的会员管理制度，特别是便利店行业开通线上渠道后，通过小程序、App、第三方平台店铺发展的会员与线下会员在管理中出现割裂，缺乏既统一又独立的高效管理方式，对会员消费习惯、需求等方面挖掘效率不高，阻碍线上、线下业务的融合。

三是结账效率低。便利店门店空间小，工作人员少，无法设置多台收银机，导致便利店收银效率较低，高峰期人员聚集，在狭小的空间内结账排队，人满为患。尤其是餐食部分结账困难，效率低下，顾客体验较差，这往往是导致便利店客户流失的重要原因。

四是新品开发低效，供应链响应不及时。便利店涉及商品品类较多，品类调整频率高，尤其是鲜食商品需要每周更新数个品种，但由于国内食品生产企业普遍研发能力不高，传统便利店对生产方指导能力不足，因此很难找到符合需求的鲜食供应商。

五是管理决策缺乏高效的数据指导。对传统便利店而言，数据量虽然巨大，但处于割裂状态，内部数据孤岛难以打破。而这种数据往往也是以传统的统计分析图表形式呈现，信息量小、数据格式单一、交互性差，缺乏具有精确指向性的指标来支撑运营与决策。与此同时，总店与门店之间、门店与供货商之间、店长与库管之间的信息传递往往存在延迟，很难做到高效协作，管理者难以从数据角度出发实时、准确地把握全局，进而做出预判。

从发展中的突出痛点入手，便利店的数字化实践可从前端、中端、后端分类洞察。

前端数字化。通过打造集购买和会员管理为一体的 App、小程序及第三方平台店铺，拓展线上渠道，积累线上销售数据、会员数据，为经营决策提供基础数据源。通过数字化会员数据的沉淀与分析，制定更加精准的营销方案、更个性化的广告及促销投放策略，增加会员黏性、顾客复购率，以较低的成本提升消费者渗透率，达成线上引流与潜在会员转化。线下则通过数字化手段升级门店，提升经营效率的同时更加全面高效地获取消费者行为数据。如升级电子价签、自助收银机、人脸识别、智能传感器、营销屏幕等智能设备，其中，电子价签作为与消费者产生直接交互的显示工具，不仅保障线上、线下商品信息实时同步显示，且有利于在实体店内开展丰富的营销活动。此外，通过电子价签可以实现精准控制临近保质期商品的销售，及时进行价格及陈列方式的调整，从而降低腐烂、变质等情况的发生，节省经营成本。自助收银等数字化手段的应用则可以有效提升便利店收银效率，并且将店员从烦琐的收银、上货等低附加值劳动中解放出来，专注为到店顾客提供个性化服务，显著改善消费者体验与服务。

中端数字化。便利店门店运营的各环节融入数字化技术，包括门店的订货、员工排班、产品价格制定等。通过数字化手段对门店商品进行分析，精准锁定商品畅销程度、周转周期以及库存容量，综合各方面因素为店铺选品提供决策支持。与此同时，通过对商品采购时间、保质期等数据的分析，实现对商品品质的智能跟踪与控制，为调整商品价格提供依据，通过电子价签实现价格的实时调整，与前端实现联动。如易捷便利店与京东合作，通过京东"新通路"网络中端以及门店电子价签应用，实现线上、线下价格同步更新，仓库智能选货、订货、补货。广东美宜佳通过远程摄像机在 App 上实现对门店的远程巡店管理，减少差旅费用与时间成本，提升工作效率。打造差异化门店也是中端数字化实践的重要领域。我国国土面积大、纵深广，气候多变，民族众多，不同地区消费者生活习惯、消费差异大。而便利店的特点在于满足当地消费者需求，贴近当地消费者生活习惯及消费偏好，因此便利店的差异化经营需求更高。通过数字化手段，如基于大数据分析周围消费者的差异化需求，据此进行包括选址、装修、陈列、选品等多种决策在内的单店规划，更准确高效地实现千店千面。

后端数字化。通过数据分析精准挖掘市场需求，提升产品研发能力及配送效率，不断更新迭代产品、包装和服务。便利蜂部署和迭代整个智能便利店经营系统。在商品迭代与选品上，使用自主开发的系统实时进行数据分析，筛选出更符合每个门店覆盖半径用户需求的商品。店内则通过扫码购，实现门店向线上引流，收集实体门店顾客消费行为数据进行分析，形成区域画像以及精准画像，为选品上新提供参考，并采取"快速试验、快速调整"的策略，提高商品力。在供应链与物流体系上，依托数字化管理系统，打通线上与线下渠道入口，运用智能仓储与物流配送体系，开通线上下单、线下自提或到家业务，实现线上线下一体化，到家到店一体化，互相引流，融合发展，最大限度地触及消费者。南宁今天便利店自主开发包含仓库、库存、配送的统一系统平台，并将产品分类成常温、冷链、鲜食进行差异化管理，平台上线以后库存准确率提升至99.9%，配送准时率也达到95%。

（3）便利店数字化面临的问题

一是成本高，行业转型步伐差异大。目前我国便利店集中在一、二线城市发展，行业本身已面临高房租、高人工、高费用压力。然而数字化转型成本是巨大的，其中涉及的软硬件系统的构建、数据的获取与分析，以及数字化转型人才的培养等，均需较高的资本投入，这些运营成本往往使很多企业不堪重负。特别是中小微企业无力承担数字化转型的高昂成本，难以推进数字化转型。

二是进展慢，数据开发力度不足。数字化转型并非一蹴而就，这是一个循序渐进的过程，且各阶段涉及的归口较多，项目开发往往耗时长、交付慢，需要足够的时间和耐心来培育。当前，大多数企业数字化转型停留于积累各式各样的数据，建立数据汇总平台，并没能把数据真正合理高效地利用起来，进而转化为生产力。整体来看，行业数字化转型仍在探索阶段，转型方向是否正确、效果是否显著仍需时间验证。

三是执行难，转型机制尚未形成。数字化转型是系统工程，数据、方法、人才、设备、思想都是数字化转型的必备要素，多数企业转型会伴随现有组织架构、业务流程的调整与改造，难免会涉及利益关系调整，因此需要整体的配合与强有力的执行者，部分企业受限于原有体制机制障碍，数字化转型推进阻碍较大。

2.便利店数字化发展趋势

整体来看，低成本数字化改造是便利店企业数字化转型趋势，发挥平台价值，打造共创共融、共生共赢的生态体系，借助数字化手段连接供应商与用户、打通软件与硬件，以此提高便利店行业的标准化、连锁化、规模化发展水平，带动整个便利店行业共享数字化红利，向高质量方向发展。未来，便利店行业将加速数字化，从会员深度运营、供应链重塑、生态体系协同等多角度提升综合运营能力，赋予顾客更便捷、安全和无缝的购物体验。

全渠道数字化。开拓全渠道业务，打通线上与线下渠道，实现线上、线下互相引流仍然是便利店行业数字化转型的重要途径。在这一方面，便利店企业可以通过自建线上渠道、与第三方平台合作等多种方式拓展线上渠道，进而与线下渠道相融合。

进一步增强供应链管控能力。通过增强供应链的管控能力，不断提升便利店行业供应链效率，特别是提升对鲜食、生鲜、较短保质期商品的供应链管控能力，从而支撑便利店企业扩张。此外，供应能力的增强，将有助于便利店企业不断贴近消费者需求，进一步加强对生产企业的指导、反馈能力，促进便利店行业发挥连接生产与消费的桥梁作用。对便利店企业发展自有品牌，提升高毛利率商品管控也具有重要意义。

大力发展到家业务。疫情防控常态化背景下，到家业务已经成为便利店行业不可忽视的一部分。未来，便利店行业将发力到家业务与即时配送，通过数字化手段，持续推进线上下单、线下融合，并通过云仓、智能物流等手段开展极速达、即时配送等业务，无限趋近消费者，实现便利、便捷、无边界购物。

运用数字化增加便利店职能。目前，头部便利店企业正在尝试"便利店 +"模式，通过与其他行业相互赋能，拓展便利店功能，形成新业态和新联盟。7 – 11 在台湾推出全新 Big 7，将咖啡、阅读、糖果、美妆、烘焙与超商6种业态整合在单一门店内，并按消费数据定期更新店内产品，提供消费者生活的一站式服务。罗森与哔哩哔哩合作，推出主题便利店，合作的主要原因是双方的客户群体均为年轻人，便于取得两个品牌互相助力的效果。未来，通过数字化赋能，便利店行业将拥有更多创新可能，数据驱动下的多业态融合成为便利店行业转型的重要趋势。

无人店铺逐渐发展成熟。随着相关技术的成熟与数字化管理手段的不断完善，以前期需求与消费群体调研为基础，根据需求程度和可行性开设的无人便利店将逐渐普及，成为便利店行业的重要补充。

3. 便利店数字化发展建议

一是规划先行，重视人才培养与成果转换。对数字化转型方向、预期效果、困难阻碍等进行充分论证，制定转型的顶层规划与长期实施方案，确保数字化转型顺利开展。重视思想观念的培养，转变人才策略，关注数据分析挖掘人才培养及数据成果转换，为数字化转型不断深入奠定基础，不断促进便利店行业生成数字化基因。

二是加强引导，建立第三方服务平台。通过平台实现数字化服务的产销对接，鼓励行业头部企业开展数字化转型服务，形成灵活、可复制、可定制的数字化转型方案。资金实力较弱的小企业加强第三方服务应用，从而解决数字化转型成本高，行业数字化发展不均衡问题，促进行业整体数字化转型效率提升。

三是赋能"夫妻店"，提升便利店行业整体数字化水平与集中度。我国本土"夫妻店"规模较大，据尼尔森的调研数据，目前中国有600多万家零售小店分布于全国各线城市，这些小店在一、二线城市仅占 9%，在四线及以下级别城市占比超过 80%，服务于 85% 的人口。通过数字化转型，改造"夫妻店"经营生态，对"夫妻店"进行全方面赋能，使其经营效率接近连锁便利店。同时推动自身品牌加盟店数量增长，是品牌便利店快速触达三、四线城市甚至乡镇消费者的重要途径。

（四）专业市场数字化发展报告

1. 专业市场数字化发展现状

专业市场，是商品生产和流通发展的产物，曾为城市和县域经济社会发展提供商贸流通支撑，在服务居民生活、稳定物价、推动经济发展方面发挥着重要作用。为促进专业市场高质量发展，推进专业市场转型和非主城区功能有序疏解，各级地方政府陆续出台一系列专业市场转型升级行动方案，通过转型升级、搬迁疏解、功能改造、拆除关闭等完成专业市场的转型疏解工作。专业市场作为重要的经济形态之一，品类丰富、规模较大、社会从业人员众多，是商贸流行业的主力军，也是后疫情时代拉动经济内需的重要渠道。

（1）发展现状

经过近 40 年的发展，我国专业市场①发展已经相当成熟，形

---

① 专业市场是一种面向零售商、生产商等单位，以批发为主，兼营零售，集中交易某一类商品或若干类具有较强互补性或替代性商品的场所，是商品流通的中间商业组织或场所，是联系生产者或消费者与经营者的一种大规模集中现货交易活动。专业市场可根据经营的产品内容划分为农产品批发市场、食品饮料烟酒批发市场、纺织服装批发市场、小商品批发市场、五金建材批发市场、汽贸城等。

成了农产品、服装、日用品等 12 种专业市场。国家统计局数据显示，2019 年全国亿元以上商品交易市场达 4037 个，农产品、工业消费品、生产资料和其他四大类综合市场数量 1194 个，其中农产品综合市场占据了半壁江山；2019 年全国专业市场为 2843 个，生产资料、农产品、纺织服装鞋帽、家具五金及装饰材料四类专业市场占专业市场总数量的 4/5，成交额高达 71468.95 亿元（见表 4-1）。

表 4-1 全国亿元以上商品交易市场经营情况（2019 年）

项　　目	市场数量（个）	出租摊位数（个）	营业面积（万平方米）	成交额（亿元）
综合市场	1194	1118787	7932.87	26895.21
生产资料综合市场	40	54824	800.60	1571.86
工业消费品综合市场	217	370927	2522.79	7257.74
农产品综合市场	634	369241	2484.97	13098.57
其他综合市场	303	323795	2124.51	4967.03
专业市场	2843	1927144	20514.50	85121.57
生产资料市场	510	250752	5523.35	30634.35
农产品市场	796	470632	3949.39	19885.31
食品、饮料及烟酒市场	98	48021	333.20	1152.43
纺织服装鞋帽市场	421	591446	3402.54	15744.86
日用品及文化用品市场	74	58521	364.71	1896.17
黄金、珠宝、玉器等首饰市场	24	22017	204.95	843.19
电器、通信器材、电子设备市场	98	44653	292.09	563.92
医药、医疗用品及器材市场	21	47388	319.32	1653.00
家具五金及装饰材料市场	494	267390	4241.05	5204.43
汽车、摩托车及零配件市场	239	74373	1419.56	6172.47

项　　目	市场数量 （个）	出租摊位数 （个）	营业面积 （万平方米）	成交额 （亿元）
花、鸟、鱼、虫市场	23	20946	187.76	763.41
旧货市场	8	5188	16.18	23.23
其他专业市场	37	25817	260.39	684.78
合　　计	4037	3045931	28447.37	112016.78

资料来源：国家统计局。

20世纪80年代初，专业市场作为一种新的经济形式出现在发达城市，到90年代，专业市场有了长足发展，在拉动需求、繁荣经济、带动就业方面发挥了重要作用。专业市场从最初的马路市场到大棚市场、室内市场，再到商业综合体，积极拥抱新业态、新模式，不断发展转变，紧跟数字化转型升级。目前，我国专业市场无论从规模、数量还是知名度上都获得了较大提升。批发市场是城市发展的必备商业业态，与当地产业紧密结合。据估算，中国有80%以上的农产品交易与60%左右的工业消费品和生产资料交易通过专业市场完成①。

（2）数字化实践

①市场生存空间缩紧是专业市场转型的外在动力。

随着经济社会发展，以电子商务为代表的数字经济取得长足进步，推动了市场环境和采购消费习惯的改变。产销对接、农超对接、网上直采直销、平台和零售公司直接跳过批发市场从生产

---

① 许海晏：《城市批发市场疏解升级研究》，经济日报出版社，2017。

者手中拿货成了新的趋势，这对线下批发市场的经营造成很大冲击。国家统计局相关数据显示，从 2015 年开始，全国亿元以上商品交易市场和专业市场数量和摊位数均在减少（见图 4 - 5），从成交额看，亿元以上商品交易市场和专业市场的成交额整体还在增长，市场依然具有活力（见图 4 - 6）。综观专业市场的细分市场，农产品、纺织服装鞋帽市场的成交额逐年增长，家具五金及装饰材料，汽车、摩托车及零配件批发市场受政策调整、宏观经济、市场饱和影响较大，成交额下降明显（见图 4 - 7）。经过多年发展，批发市场的可租赁面积供过于求，凸显招商难、经营冷清、交通拥堵、占地多、纳税少等问题，从信息不通畅时期的交易差价大到信息透明时期的毛利低，附加坏账风险，生存压力巨大，这种情况是由经济发展和商贸流通行业发展规律决定的。

②数字化转型是专业市场谋求发展的内在需求。

专业市场的数字化①转型，既有外部因素推动，也是自身转型升级的内在需求。近年来，以阿里巴巴、找钢网等为代表的企业与企业交易（B2B）批发平台稳定发展，大宗商品批发线上化趋势明显，

---

① 专业市场数字化是指传统专业市场业态（批发市场、商贸城、农贸市场、建材市场、汽贸城等）依托物联网、大数据和人工智能等数字技术进行融合创新，重构线下场景、优化市场供给、提升流通效率，进而驱动线上、线下深度融合，是行业提质增效的重要手段。专业市场数字化在培育新业态、创造新需求、拓展新市场、激发新动能等方面作用日趋明显，将引领批发业态进入新一轮增长空间。

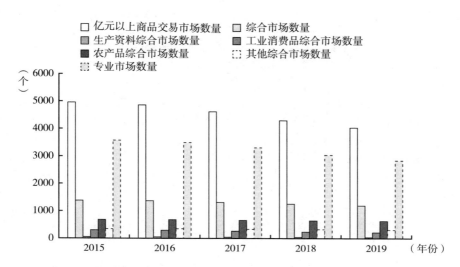

图 4 - 5　2015 ~ 2019 年中国亿元以上商品交易市场及专业市场数量变化

资料来源：国家统计局。

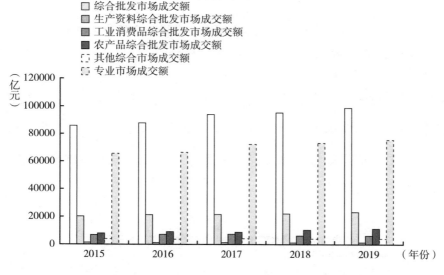

**图 4 - 6　2015 ~ 2019 年中国亿元以上商品交易
市场及专业市场成交额变化情况**

资料来源：国家统计局。

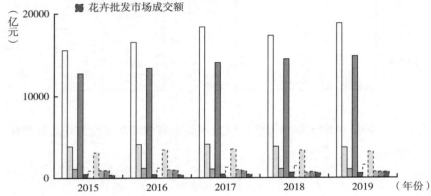

图4-7 2015~2019年中国专业市场成交额变化情况

资料来源：国家统计局。

线上平台可一站式提供产品铺市、网络一键分销、支付、物流配送
等服务，原有实体批发市场所具有的商品展示、物流、交易结算、
价格低廉、信息集聚等优势受到一定冲击，尤其是五金机电、建材
等专业市场（见表4-2）。

表4-2 主要专业市场数字化转型情况

专业市场	特 点	数字化升级趋势
建材市场	商品标准化程度高；物流成本占比高	批发市场不需大量库存，物流功能疏解；规模化有效降低物流成本，需求稳定受互联网冲击较小

专业市场	特 点	数字化升级趋势
农产品市场	物流成本占比高;生鲜属于非标准品;满足居民日常生鲜供给和储备	规模化有效降低物流成本,需求稳定受互联网冲击较小;配送升级,减少场内大量零售业务交易;特大型市场可建立卫星市场形成集群;推动现货交易向电子交易转变
蔬菜市场	蔬菜标准化程度低	转型为零售或更小的批发;为不同蔬菜制定统一的包装、质量等标准,依照标准售卖;提高客户体验
食品饮料市场	服务本地产品辐射整个区域,商品集散功能	转为零售或者更小批量的批发;业态升级,转型疏解
服装市场	商品标准化程度低	商品展示和客户体验等配套服务;需求波动较大;保留一级批发市场和少数二级批发市场,其余转型为零售点
小商品市场	小商品集散地,种类多、价格便宜;客流量大、从业人员多、商位多,属人员密集型产业	商品展示功能;实体市场与线上市场相结合的互动经营模式
箱包市场	和服装类似,标准化程度低;品类多、品牌多、品种多	保留一级批发市场和少数二级批发市场,其余转型为零售点;利用电子商城拓展市场
中药材市场	品质和等级分类复杂;价格和库存不稳定	产销快速对接,去中间化;制定技术规范和质量标准;"互联网+"中药电子商务平台;交易与仓储物流分开
家具市场	商品标准化程度低;需门店现场展示样品;物流成本占比较高	实体市场和线上展示(品牌介绍、商品图文展示)相融合的模式;通过规模化降低成本,如团购或集采
五金材料市场	商品标准化程度高;物流成本占比高;受房地产政策影响,竞争激烈	批发市场不需大量库存,物流功能疏解;需求稳定;转型为零售或更小批量的批发市场

续表

专业市场	特 点	数字化升级趋势
汽车市场	市场规模大，占地面积大；以本地市场为主，辐射周边地区	提升专业能力和客户体验，走"连锁化"；从前端市场向后端市场转移；汽车消费从新车转向二手车
花卉市场	花卉市场规模较小；花卉质量标准模糊，花卉品类和等级分类复杂；价格曲线不稳定	向种植者和零售商两端突破；抢占市场占有率把握价格控制权

③以数据为核心的线上、线下融合是专业市场转型的关键。

在数字贸易发展浪潮下，专业市场借助电商平台、直播平台等接入线上业务将从锦上添花变为必不可少的渠道手段，核心在于围绕专业市场的线上、线下全面融合和基于大数据、云计算、人工智能、区块链等信息技术的市场数据整合和资源配置能力的全面升级，因此，以线上、线下数据和信息技术的融通为基础实现深层次上游生产制造和下游批发采购在信息流、资金流、商流和物流的资源整合是关键（见图4-8）。

④电子商务为专业市场转型升级引入新活力。

利用电子商务交易模式，可以有效延伸交易半径、拓展交易商圈、提高交易效率、降低交易成本。专业市场接入线上平台，线上、线下渠道融合互通，接轨现代物流，将带领市场内商家一起转型。产品标准化程度高、品类较单一的专业市场，在发展网上交易时，配套建立信息系统、交易系统、结算系统、第三方物流配送系统完善的电子商务模式；生产资料专业市场，有条件的

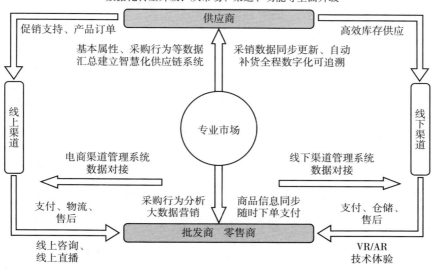

图4-8 中国专业市场数字化服务生态图谱

资料来源：中国国际电子商务中心自主研究及绘制。

发展大宗商品现货交易，打造以商品交易为核心、现代物流为支撑、金融及信息等配套服务为保障的大宗商品现货交易电子商务平台；针对规模较小的专业市场，线上以信息黄页展示为主，充分发挥线上流量优势，带动商流和物流信息化。建立电商平台，进入电商市场的专业市场已涉及多个行业，如义乌市场的"义乌购"、白云皮具城的"白云世界贸易网"、广物汽贸的"车唯网"等。借势直播，通过直播带货增加零售端业务，消费者足不出户可在线上下单，享受批零的价格，河南桑坡皮具村、青岛日照日韩服装基地、广州白马批发市场、海宁中国皮革城等市场在抖音上坐拥大量粉丝。

（3）发展问题

①数字化转型不是最终目的。

专业市场的数字化升级成为老旧市场改造、转型的趋势，不少人会将接入线上平台、开通直播、引入消费者大数据画像分析等措施等同于数字化转型。专业市场的数字化转型应该是持续的迭代升级、经营理念的与时俱进、招商选品的创新、长远的战略规划等，而不应仅将目光停留在短期的资本投入与产出。部分专业市场经营的商品仍以低档次的日用消费品和生产资料为主，市场门槛低、分工不细、业态雷同，商品技术含量低、价格低、质量差，品牌商品为了其品牌形象考虑很难进驻专业市场。随着城市居民收入和消费水平的提高，专业市场需与时俱进，及时调整升级商品品质结构、品牌，依托本地特色资源、产业基础、区位优势，加快自主品牌建设，向差异化、特色化发展，重新占领流失的市场。

②互联网背景下采购方式的改变。

专业市场历经多年的发展，已成为各地实现招商引资、促进商贸流通、推进地方经济的重要载体。近年来，国内外经济形势多变、市场增长放缓、经营成本增加、同质化竞争激烈等问题，无论是内生还是外在动力都在推动着专业市场转型创新。从订单需求看，专业市场呈现小批量、多批次、订单分散、周期短的特点。2020年初，新冠肺炎疫情的暴发，对实体专业市场来说，停工停产、订单骤减、市场人流量管控等影响不容忽视，也使相关市场线上化转型步伐提速。

③人才技术资金缺乏相应支持。

我国批发零售领域经营主体以小商户为主，行业体量大，企业多，行业集中度低。在数字时代，技术迭代、采购习惯改变、经营成本提高、利润降低等因素使得商户亟须在数据处理、流程效率、供应链管理、需求预测和采购体验等方面做出改变。大部分专业市场其经营主体以铺面或摊位式经营为主，并采取现场、现金、现货的交易结算方式，不符合现代化商贸流通业的要求。而专业市场存在管理水平低、信息化水平差、功能不完善、制度不健全等问题，现代化的信息技术使用较少，市场信息传递、价格指导、资源配置等调控功能没有充分发挥，传统的专业市场吸引力、影响力逐渐减弱。

④破解采购"高本低效"的难题。

经营成本高企、仓库租房面临疏解拆迁、生活成本加大，是市场难做的根本原因，电商的冲击只是表象。而用户直连制造（C2M）、消费者到企业（C2B）模式的提出，让批发市场所谓的中间商更是遭受到左右夹击。批发市场的商家盈利模式以物流差和价格差为主，越下一级市场的中间商在层层转手后的售价往往超过网店相同商品价格，必然导致部分零售消费者流失，受电商冲击影响大的往往是此类商家。在经营上，传统批发商在信息化管理销售方面投入力度低，整体效率低下、账面混乱，导致客户流失。对批发行业来说，服装、生鲜、鲜花等非标品，标准复杂、产品丰富、客户黏性低，在没有完善的库存管理、订单管理、客户管理等信息化解决方案和转型能力时，盲目触网效果有限，还会增加经营成本投入。

2. 专业市场数字化发展趋势

（1）线上、线下同步，"云专业市场"增长潜力巨大

自新冠肺炎疫情发生后，淘宝天猫上的档口直播数量快速增长，许多商户将商品展示移步线上，疫情为"云批发""云展览""云发布""云走秀""云逛街"等商业新模式带来发展机遇。相关报道显示，2020年3月，阿里巴巴采购批发平台1688的"商+直播"入驻商家同期增长了87%。[1]通过接入线上平台，商户接收到更多的采购需求，买家通过直播即可实现扫货、订货和收货，同时，在线结算也使交易更加有保障，减小了账期风险。实体与线上同步已成为专业市场新趋势，线上与线下同步、同价、同上新。在广州，直播电商已成为专业市场转型升级的新动能，"线上引流+实体批发+直播带货"的营销模式，推动实体经济与数字经济深度融合，促进经济高质量发展。

（2）四流合一，垂直平台迎来勃勃生机

B2B市场已有成功模式，且经营发展良好。云计算、物联网、大数据、人工智能等新一代信息技术应用提升了企业与企业交易（B2B）电商运营效率。大数据技术可实现交易数据、订单数据、物流数据可视化，帮助交易双方精准匹配等；智能客服、人工智能（AI）、智能仓储分布等人工智能技术进一步降低人工成本，提升服务效率。专业市场通过对接企业与企业交易平台、直播平台，一

---

[1] 郑杨：《广州推进专业市场数字化转型"云批发"来了》，中国经济网，http://district.ce.cn/newarea/roll/202004/03/t20200403_34611452.shtml，2020年4月3日。

台电脑、一部手机可帮助商户拓宽传统渠道难以覆盖的市场，扩大市场机会；线上采购同时减少双方交易时间、交易投入；以销定产、以买定供，信息流、商流、物流、资金流高效运转，帮助商户最大限度降低库存、减少经营成本。

（3）立足特色，三、四线城市专业市场机会仍在

立足资源优势和区位优势，伴随地方特色产业集群形成的专业市场如广西玉林的中药材集散、山东寿光的蔬菜集散、云南晋宁的磷肥市场、江苏镇江丹阳眼镜市场等，虽地处四线城市，但影响力享誉国内外。另外，汽配城、家装城等在三、四线城市仍有市场需求，增加综合功能、拓展服务范围是未来发展的方向。

3. 专业市场数字化发展建议

（1）因地因时因业出台针对性的数字化转型方案

根据不同批发市场具体业务、地理位置、市场规模、经营方式等情况，结合专业市场转型升级标准，选择不同的调整方案。通过业态转营、腾退搬迁、招商引资、完善硬件、改善公共服务等推动市场升级。如部分专业市场增加零售业态，部分专业市场与大型商业集团合作，重新进行项目规划和招商，部分专业市场可将仓储、物流等环节迁出，仅留下商贸和展示功能。

（2）跟踪和研究相关配套政策，发挥"协同效应"

研究制定专业市场领域相关政策，加快推进转型升级工作，相关职能部门进一步加快制定配套法规政策和实施细则，在吸引旗舰项目和龙头企业、打造专业市场集群、建设公共服务平台、增强商贸流通活力、争取政策先行先试、优化产业布局等方面进行先行先

试，围绕地方发展定位要求，汲取市场开发商、运营管理方、商户的意见，共同提升专业市场数字化水平。

（3）业态多元组合，丰富专业市场商贸功能

随着专业市场内外部环境和产业结构的变化，未来市场可朝批零兼顾，线上、线下结合及多业态方向发展，如服装、鞋帽、箱包、小商品等消费品类专业市场，可接入线上平台，线上、线下同步交易，延伸设计、展示、零售、餐饮、娱乐、休闲等综合商业体，汇聚原材料、生产加工、创意设计、流通等企业，形成产业链完整的产业集群中心。创新商贸流通形式，由业态单一的市场向功能分区、批零结合、错时经营、多渠道、多业态、多功能、全产业链的综合性市场转变。

（4）加快产业转型升级，提振区域商贸活力

支持专业市场数字化转型建设，可在广州、义乌、武汉等城市试点"专业市场转型升级""专业市场新业态打造""支持商户和市场开展数化综合方案"等创新试验，从运营服务、品牌建设、渠道建设、人才培养、商户培训、金融配套等环节全方位提供配套服务，鼓励试点市场以提升优化市场服务、业态分布、空间载体创新市场模式，加强市场软实力建设，降低市场转型升级风险成本。

（五）餐饮外卖数字化发展报告

1. 餐饮外卖数字化发展现状

（1）数字化进展

餐饮行业市场体量大、业态丰富。国家统计局数据显示，2019

年中国餐饮行业营业额为 6557.4 亿元，同比增长 16.6%，相较 2018 年增长率有较大幅度提升。商务大数据监测显示，2019 年在线餐饮销售额增长 12.3%，外卖用户规模接近 5 亿人。其中，"80 后""90 后"是餐饮外卖服务的高频用户，美食、甜点饮品、超市便利、蔬菜水果、买药、休闲小吃、跑腿代购等外卖服务满足了人们的三餐两点的所有需求，在方便消费者的同时，对餐饮业、药店、菜市场、超市等业态也产生深远影响。

①行业进入成熟期，寻找新的业务点成竞争关键。

从服务提升、技术创新等切入，加强外卖平台建设。近年来，外卖O2O行业成为互联网巨头企业关注的热点，在经历了补贴大战之后，外卖用户、消费单量急剧增长，行业进入野蛮发展期。到 2020 年，随着行业发展成熟，各平台逐渐将提升服务品质、提高用户体验、寻找新的业务突破口作为发展的核心竞争力。

受疫情影响，2020 年整个餐饮行业的发展受到重创，为降低堂食管制造成的经营影响，西贝、海底捞、华天等传统餐饮企业与美团、饿了么等外卖平台携手，推出安心外卖、年夜饭预订、深夜食堂节、餐饮消费券等活动，并通过线上直播、拍摄短视频等方式，宣传中华美食文化。

②外卖O2O行业进入新战局。

"社区团购"成为 2020 年互联网行业及资本市场的布局热点，阿里巴巴、美团、拼多多、滴滴、美团、兴盛优选等企业争相入局，继外卖、送洗、家政、医药后，卖菜被提到各平台的优先战略级，社区"买菜"市场争夺的激烈程度，堪比当年的"百团大战"。

（2）数字化实践

加速打通中国餐饮行业全产业链。[①] 随着移动互联网、大数据技术的不断发展，互联网浪潮不断影响传统餐饮企业，疫情也加速了餐饮业的数字化和智能化转型，中国连锁经营协会数据显示，67.6% 的受访企业表示将筹划提升数字化、供应链转型，19.7% 的受访企业表示，将尝试无人化设备或无人餐厅。[②] "互联网 + 餐饮"已覆盖半成品餐饮、餐饮企业服务管理、网络订餐和互动分享全流程服务，餐饮数字化已是大势所趋。

①大数据应用革新。

近几年，海底捞、王品、西贝等一批知名连锁餐饮企业均将目光投向餐饮大数据的应用上，使用 SssS 已成为餐饮连锁企业共识。在线餐饮、生鲜菜品等生活服务行业的商户与互联网服务平台融合发展，商户利用大数据分析改进产品和服务，提升用户体验；平台助力商户品牌推广，实现精准推送，帮助商户完善内部

---

① 餐饮外卖数字化是指以互联网为媒介，连接用户与线下餐饮企业，借助互联网信息平台，以外卖资源整合为核心，以用户需求为导向，为用户提供丰富的外卖信息以及便捷的外卖服务，使用户可以足不出户进行线上订餐，并享受外卖服务；同时为餐饮企业提供了一个新的销售和营销渠道，利用计算机及计算机网络技术，用平板电脑、触摸屏及无线点菜器作为服务终端，网络作为数据传输渠道，餐饮信息化软件作为管理平台，赋能餐饮经营、菜品创新、食材供应链等环节，实现餐饮企业营业规模的扩展和竞争力的提升。

② 中国连锁经营协会：《新冠肺炎疫情对中国连锁餐饮行业的影响调研报告》，外唐教程网，https://www.waitang.com/report/23786.html，2020 年 7 月 8 日。

运营管理机制，提供门店经营状况分析和经营管理策略；餐饮业线上业务收入持续上升，线上业务已成为带动餐饮商户收入增长的新引擎。

②新零售产品创新。

在新冠肺炎疫情冲击下，餐饮企业纷纷创新菜品，研发新口味、新组合、新包装，推出适合线上销售的半成品、商务餐饮、小份菜、外卖专供菜品等。多家头部餐饮企业加入了半成品菜肴市场。如以海底捞、呷哺呷哺为代表的火锅店推出方便火锅菜，门店送家方便快捷，顾客足不出户即可享受火锅乐趣；眉州东坡推出了招牌夫妻肺片、腊肉腊肠等半成品，上线小程序推出"眉州东坡平价菜站"；旺顺阁推出半成品鱼头，西贝推出牛大骨、羊蝎子等预制菜。

③第五代移动通信技术（5G）技术智慧升级。

肯德基和必胜客推出了"第五代移动通信技术（5G）无人移动早餐车"，顾客可通过扫描餐车上的二维码，选择餐品，在线付款后即可取餐，每辆餐车可提供200~400份餐食。5G在餐饮业的应用实现了多场景、多网点布局的愿景，解决了餐饮企业配送难题。此外，"全智能机器人餐厅"将科技与餐饮智慧融合，令科幻照进现实，顾客从进店、点餐到下单、配菜、炒菜、传菜、埋单，实现了一条龙机器智能化无人操作。

（3）发展问题

①本与末，盲目迷信"高精尖"背离餐饮本质。

面对数字化、智能化、高效化、定制化的宣传，餐饮企业往往一头雾水。数字化工具的购买和使用已成为大中型餐饮企业转型的第一步，对企业来说，餐饮ERP管理软件提供的广泛功能和普适性已完全可以满足日常经营需要，机器人服务员在相当长一段时间内无法取代人力，机器人的噱头远大于实际的效率提升。评价餐饮企业数字化转型是否成功，更多应从长远的企业生存能力、经营能力、竞争力等指标来探讨，即企业是否真的拓展了"到店"与"到家"，是否实现收入增长和综合能力提升。

②新与旧，传统餐饮与新业态的碰撞摩擦。

当下的餐饮市场，传统餐饮与新业态交织融合。中餐煎、炒、烹、炸的烹饪方式，讲究色、香、味以及备餐火候及即食特点，某些招牌菜式并不适合外卖配餐，老牌餐饮应根据外卖消费需求及年轻消费者追求菜品的低脂、健康、少油盐，包装的时尚、简单，配送方便、快捷等因素，即时调整外卖品，在保证菜品质量和美味度的基础上，研发适合线上配送的预制菜、半成品、小份菜、创新菜等供消费者选择。

③攻与守，餐饮供应链数字化进程相对滞后。

面对日新月异的市场变化，餐饮企业应具有随需而变的能力，同时要积极建设数字化餐饮生态体系。餐饮的供应链能力是前端能力的支撑，餐饮数字化因交付方式、区域差异、交付能力、菜系品类等情况不同而千差万别。餐饮数字化背景下呈现的多品类、小批量、多频次、生命周期短、需求波动大等特点，要求供应端具备快速反应、柔性化供给能力。无论是由内自发的数字化变革，还是接入第三方的数字化平台，供应链线下履约、线上数字化均是餐饮企业生存发展的关键。

④破与立，解决餐饮工作者的"数字鸿沟"。

"数字鸿沟"已成为信息化社会绕不过去的难题，一方面，中小餐饮企业工作者普遍学历不高，平均年龄偏大，使得餐饮工作者信息化应用水平不高，有的员工甚至担心人工智能取代自己而有抵触心理；另一方面，面对市场上众多的餐饮信息化服务提供商，怎样选择一款最合适的餐饮软件也是摆在经营者面前的难题，是传统的 ERP 公司？还是带有互联网基因的本地生活类线上平台？前者的软件服务是否匹配餐饮行业现状，后者是否存在超级平台垄断和剥夺佣金议价权的风险。

2.餐饮外卖数字化发展趋势

（1）中华老字号的文化传承与数字化融合

受行业经营压力影响，越来越多的"餐饮老字号"企业摒弃了传统、守旧的思想，积极推动数字化转型。在线上品牌影响力打造、线上经营渠道拓展、线上营销能力提升、数字化人才培养等方面，积极拥抱新思想、新技术，依托"餐饮老字号"IP 标签，迎合"80 后""90 后"的消费习惯和饮食口味，改良菜品、推陈出新，借助外卖平台、短视频博主等汇集流量，从老字号翻身为网红打卡店，数字化转型为传统餐饮企业带来新的发展生机。

（2）新技术的应用赋能餐饮数字化升级

技术应用促进外卖流程优化、业务迭代升级、运营效率提高。通过大数据和人工智能技术的应用，外卖平台不断提升其智能配送系统，综合考虑到用户、商户体验，判定出最优的配送方案，提升外卖配送人员的调度效率，同时借助地理信息、平台累积数据，预测外卖需求，实现精准营销。

（3）新业态、新模式满足消费新需求

疫情期间，餐饮业堂食受到严重影响，到店餐饮门店活跃度显著下降。餐饮企业纷纷开通外卖业务，"无接触""安心餐厅""无人门店""机器人餐厅"等数字化经营方式有效助力餐厅行业复苏。随着技术的不断成熟以及消费习惯的养成，无人化、智能化的餐饮业态不再只是营销噱头，将逐步深耕于自发的业态调整和差异化服务。

（4）数字化从消费侧向供给侧发展趋向

近几年针对消费侧的数字化转型已逐渐完成，供给侧的数字化刚刚开始。餐饮业供给端的数字化是未来一个重要趋势，如菜品源头选购、物流配送、菜品创新、舆情管理、员工管理、税务发票、融资贷款等增值服务，还有很大的拓展空间。

3. 餐饮外卖数字化发展建议

（1）针对餐饮行业量身定制数字化转型方案

在餐饮服务领域，移动互联网的快速渗透使外卖成为当前我国民众特别是年轻人不可或缺的生活方式，这个潮流既拓宽了餐饮业发展的场景、推动外卖业务高速发展，又进一步助推餐饮服务业需求侧数字化进程，目前餐饮业互联网渗透率刚超过10%，仍有很大的提升空间。从供给侧看，我国不同地区餐饮行业发展差异较大，建议国家相关部门在出台餐饮行业数字化改造方案时，鼓励不同省份量身定制自己的细节方案，从点到线，从线到面，稳扎稳打，全面加快数字化改造生活服务业进程。

（2）发挥互联网平台优势推动餐饮供给侧数字化转型

新冠肺炎疫情对餐饮行业的供给和需求造成一定冲击，加速了传统餐饮企业数字化转型步伐。无接触配送、无接触取餐、无人餐厅、餐饮消费券等新消费形式，出示健康码、分时分段就餐、公筷公勺使用、无处不在的消毒剂等良好的卫生习惯和防范要求，使餐饮行业成为疫情后恢复最快的服务业。餐饮行业从采购、运输、储运、加工到上桌，进入全流程数字化变革加速期。餐饮业中小微企业比重大、变化快、差异大、地域特色明显，在推动餐饮行业供给侧数字化改造过程中，一方面要尊重行业特点，因时因地因店精准施策；另一方面可借助互联网平台在人才、技术、资本等方面积累的优势资源，借势改造。同时，加强政府的引导作用，坚持审慎监管，对平台输出的数字化经验、餐饮管理系统、小贷金融支持等服务严格监管，杜绝不正当竞争行为和垄断经营行为，为餐饮行业供给侧数字化改造营造良好的营商环境。

（3）出台鼓励餐饮企业"上云上平台"等相关扶持政策

积极推动餐饮企业"上云"，针对我国餐饮企业普遍信息化管理水平较低等问题，可考虑通过专项财政补贴等方式，在中小餐饮企业推广普及应用 SaaS 等系统，强化中小微企业主动拥抱数字化的意愿。建立健全完善的网络和信息安全管理制度，由政府牵头打造公共数据中心平台，增强企业参与数字化改造的信心和积极性。通过金融支持措施支持受疫情影响较大的餐饮企业疫情防控和有序复工复产，加大餐饮企业融资支持力度、提升餐饮企业金融服务水平、降低餐饮企业融资成本，支持餐饮企业健康发展。

（4）加强政府、平台、餐饮企业等协同共建共治共享

鼓励政府、互联网平台、餐饮企业、行业协会等参与餐饮行业标准体系建设，打造行业统一的标准体系，推动构建餐饮数字化联合推动机制，提升传统餐饮企业数字化水平，加大技术和政策支持，进而形成数字化转型和高质量发展的能力，推动各方主动参与餐饮业供给侧结构性改革。加快推进餐饮业数字化建设，推动餐饮业线上、线下融合发展，创新服务模式，转变消费方式，挖掘新的服务业增长点。支持餐饮企业通过开设微信公众号、小程序、入驻第三方平台等形式拓展线上业务、改善用户体验、提升品牌知名度，突破发展瓶颈带动营业收入增长。发挥互联网平台在大数据技术、物流配送、供应链、流量、资本、人才等资源优势，推动互联网平台与餐饮企业融合发展，提升我国餐饮业整体水平和国际竞争力。

二　对外贸易领域数字化发展情况报告①

随着全球数字信息急剧扩张、竞争日趋激烈，以及 5G 时代

---

① 贸易数字化是指以贸易为龙头、以产业为主体、以平台为支撑、以数据为驱动的全流程数字化，即依托新一代信息通信技术，使贸易全过程实现数字化。同时，深度融合传统贸易中设计、制造、展示、治商、流通、金融、售后以及政府监管和服务等各环节，以数字化手段帮助企业开拓市场、降本增效，这是传统贸易在数字经济新时代的重塑和升华。

加速来临，数字贸易借助网络进行信息处理和数字交换，能够减少流通环节、直接面对用户、产生更大价值，这一新型方式日益被企业所青睐。"数字化"正在改变全球的生产方式和交付方式，推动了贸易的多样化发展，催生出贸易领域诸多新业态新模式。随着数字贸易在全球贸易格局中的重要性不断提升，我国贸易焦点正加快沿着"货物贸易—服务贸易—数字贸易"的路径演进。

（一）货物贸易数字化发展报告

1. 我国货物贸易发展简况

2013 年以来，我国进出口货物贸易总值呈现震荡上行走势，在经历了 2015～2016 年连续两年下滑之后，进出口货物贸易总值重回上升通道，2018 年，全国进出口货物贸易总值首次突破 30 万亿元（见图 4 - 9）。[①] 2020 年，面对严峻复杂的国内外形势和新冠肺炎疫情的严重冲击，在以习近平同志为核心的党中央坚强领导下，我国成为全球唯一实现经济正增长的主要经济体，外贸进出口明显好于预期，外贸规模再创历史新高。全年，我国进出口货物贸易总值达 32.2 万亿元[②]，比上一年增长 1.9%。其中，出口 17.9

[①] 《（1）进出口商品总值表（人民币值）A：年度表》，中华人民共和国海关总署，http://www.customs.gov.cn/customs/302249/zfxxgk/2799825/302274/302277/302276/3769532/index.html，2021 年 7 月 18 日。

[②] 《（1）进出口商品总值表（人民币值）A：年度表》，中华人民共和国海关总署，http://www.customs.gov.cn/customs/302249/zfxxgk/2799825/302274/302277/302276/3769532/index.html，2021 年 7 月 18 日。

万亿元，增长 4.0%（见图 4 - 10）；进口 14.3 万亿元，下降 0.3%（见图 4 - 11）；贸易顺差 3.6 万亿元（见图 4 - 12）。

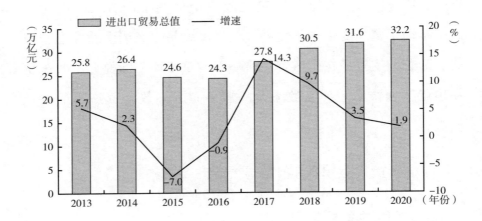

图 4 - 9   2013～2020 年中国进出口贸易总值及增速

资料来源：海关总署。

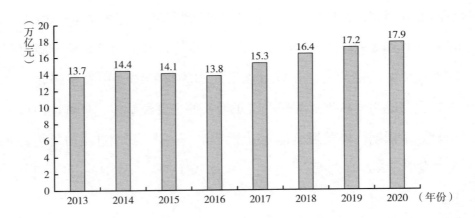

图 4 - 10   2013～2020 年中国出口贸易总值

资料来源：海关总署。

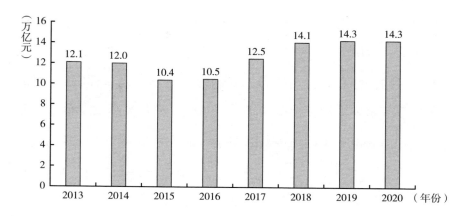

图 4 – 11　2013～2020 年中国进口贸易总值

资料来源：海关总署。

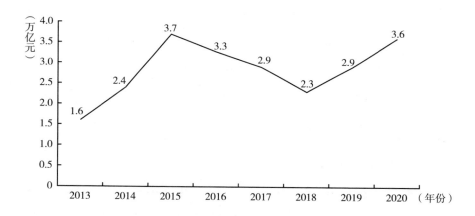

图 4 – 12　2013～2020 年中国贸易顺差趋势

资料来源：海关总署。

具体看，主要有以下六个特点。①

一是进出口规模创历史新高。2020 年，世界经济增长和全球

——————————

① 《海关总署 2020 年全年进出口情况新闻发布会》，中华人民共和国海关总署，
http：//fangtan. customs. gov. cn/tabid/1106/Default. aspx，2021 年 1 月 14 日。

贸易遭受严重冲击，我国外贸发展外部环境复杂严峻，在这样困难的情况下，我国外贸进出口仍呈现快速回稳、持续向好的态势，展现了强大的韧性和综合竞争力。我国外贸进出口从 2020 年 6 月起连续 7 个月实现正增长，全年进出口总值、出口总值双双创历史新高，国际市场份额也创历史最好纪录，成为全球唯一实现货物贸易正增长的主要经济体，货物贸易第一大国地位得到进一步巩固。根据 WTO 和各国已公布的数据，2020 年前 10 个月，我国进出口、出口、进口国际市场份额分别达 12.8%、14.2%、11.5%，均创历史新高。

二是外贸主体活力持续增强。2020 年，有进出口实绩的企业 53.1 万家，增长 6.2%。其中，民营企业进出口 14.98 万亿元，增长 11.1%，占我国外贸总值的 46.6%，比 2019 年提升了 3.9 个百分点，使我国第一大外贸主体地位更加巩固，成为稳外贸的重要力量。外商投资企业进出口 12.44 万亿元，占 38.7%。国有企业进出口 4.61 万亿元，占 14.3%。

三是贸易伙伴更趋多元。2020 年，我国前五大贸易伙伴依次为东盟、欧盟、美国、日本和韩国。我国对上述贸易伙伴的进出口分别为 4.74 万、4.5 万、4.06 万、2.2 万和 1.97 万亿元，同比分别增长 7%、5.3%、8.8%、1.2% 和 0.7%。此外，我国对共建"一带一路"国家的进出口达 9.37 万亿元，同比增长 1%。

四是贸易结构更加优化。2020 年，我国一般贸易进出口 19.25 万亿元，同比增长 3.4%，占我国外贸总值的 59.9%，比 2019 年提升了 0.9 个百分点。其中，出口 10.65 万亿元，同比增长 6.9%；

进口 8.6 万亿元，同比下降 0.7%。加工贸易进出口 7.64 万亿元，同比下降 3.9%，占 23.8%。

五是传统优势产品出口继续保持增长。2020 年，我国机电产品出口 10.66 万亿元，同比增长 6%，占出口总值的 59.4%，同比提升 1.1 个百分点。其中，笔记本电脑、家用电器、医疗仪器及器械出口分别增长 20.4%、24.2%、41.5%。同期，纺织服装等 7 大类劳动密集型产品出口 3.58 万亿元，同比增长 6.2%，其中包括口罩在内的纺织品出口 1.07 万亿元，同比增长 30.4%。

六是防疫物资出口有力支持全球抗疫斗争。我国发挥全球抗疫物资最大供应国的作用，积极开展抗疫国际合作，尽己所能向全球 200 多个国家和地区提供与出口防疫物资。2020 年 3 月至 2020 年底，全国海关共验放出口主要疫情防控物资价值 4385 亿元，充分展示了我国负责任大国的形象，为全球抗疫斗争做出了重要贡献。同时，出口笔记本电脑等"宅经济"产品 2.51 万亿元，同比增长 8.5%，满足疫情期间各国人民居家生活和工作的需要。

2. 货物贸易数字化发展现状

（1）数字化进展

21 世纪以来，全球进入信息技术引领的时代，传统国际贸易向数字化国际贸易转型。根据服务性质的不同可分为以下几个阶段。

第一阶段：贸易信息展示服务。这一阶段以商品交易信息网站为载体，聚合各行业卖方商品信息，由买方选择合适的商品购买，仅完成交易信息的交互，尚无法实现在线交易。该阶段以在线数据与交易处理业务（EDI 许可证）、中国供应商信息黄页等为代表。

第二阶段：贸易在线交易服务。随着互联网技术的快速迭代发展，国际贸易与电子商务深度结合，商家通过平台或自建站点直接发布商品信息，交易、物流、结算等贸易环节实现了电子化、数字化、网络化。企业在为全球不同国家或地区的消费者提供多元化商品服务的同时，也打通了国际贸易新通路。该阶段以 B2B、B2C 等电子商务交易模式和平台为载体。

第三阶段：贸易全链路服务。这一阶段的货物贸易有机整合了生产商、供应商、批发商、分销商、零售商、消费者、物流方、金融机构、信息机构及政府监管部门，买卖双方得以在跨境电商平台上完成交易，形成跨境贸易从商机到履约的闭环，其中涵盖跨境商品的信息发布、交易、通关、收汇、物流、金融、支付、结算、征信、财税、退税、外贸综合服务等流程。该阶段以综合跨境电商平台、商务大数据、"互联网 + 政务服务"系统等应用为实践。

（2）数字化实践

①传统外贸向数字化转型已势不可当。

在全球疫情的背景下，国际贸易大幅下滑，跨境人员流动受限，传统面对面式的商业交易活动取消，依靠参加线下展会进行的国际贸易难以进行，我国外贸企业国际贸易经营遭受巨大损失。这进一步促使外贸企业线上开拓国际市场。

2020 年一季度，全国经济同比收缩 6.8%[①]，到二季度同比增

[①] 数据来源：国家数据（季度数据查询），国家统计局，https：//data. stats. gov. cn/easyquery. htm？cn = B01。

长3.2%，展现了积极向上的势头，大量民营企业的进出口外贸也实现了增长。2020年上半年在全国进出口总值同比下滑3.2%的大背景下①，民营企业的进出口却取得了4.9%的正增长，在"稳外贸"中作用更加突出。数字化经济为企业从事跨境贸易带来了红利，凭借贸易数字化，企业可以智能、快捷地找到海外目标买家，更精确地洞察买家的根本需求，从而优化、更新迭代产品。此外，数字化显著地降低了交易履约的风险成本。

②实体商品的跨境电商迎来巨大机遇。

传统的国际贸易中，商品、技术、资金等要素流动主要集中在大型企业之间。然而，随着数字化贸易的发展，跨境电商贸易平台为中小企业商家赋能，使商家在垂直细分的市场领域，可精准提供满足买家需求的产品和服务。中小跨境电商企业现在逐渐成为推动国际贸易的主要力量。

目前，我国中小微跨境电商业务已经覆盖全球几乎所有的国家或地区，但不同国家的需求差异非常大，传统的供应链体系根本无法及时知晓市场需求变化。中小微跨境电商企业凭借其灵活性，以数字化贸易技术为支撑，获取了非常大的优势。在全球疫情下，一方面，受到跨境人员流动限制影响，出境购物大幅减少，消费者倾向于采用线上方式购买境外优质产品，线上购物需求客观上推动了跨境电商发展；另一方面，相比传统外贸企业，跨境电商企业依靠

---

① 《海关总署2020年上半年进出口贸易情况新闻发布会》，中华人民共和国海关总署，http：//fangtan. customs. gov. cn/tabid/1073/Default. aspx，2020年7月14日。

数字化手段，可以迅速实现国际货流、物流、信息流运作，迎来了快速发展壮大的机遇。

③数字贸易发展助力高水平对外开放。

2019 年，我国数字贸易进出口规模达到 2036 亿美元[①]，占全国服务贸易总额的 26%，同比增长 6.7%，高出同期服务贸易进出口规模增长率 8.1 个百分点。全球贸易结构发生显著变化，互联网的普及使更多中小企业可以直接参与国际采购。在数字经济时代，B2B 产品只有不断地自我更新迭代，才能保持足够的竞争力。外贸企业驶入数字化新赛道过程中出现了许多新的技术形态，以数字营销、虚拟营销、直播营销为主，电商直播依赖平台导流、网红效应、低价促销和互动性强等特点，发展势头非常迅猛。尽管面临全球经济下行叠加不确定性因素，中国国内零售大盘的数字化渗透率目前已经超过 30%[②]，而外贸数字化却不到 10%，增量空间依然巨大。

3. 货物贸易数字化问题

贸易数字化是智能科技集成协助的产物，也是时代发展的必然。随着跨境电商、数字经济的蓬勃发展，外贸行业正在经历重构。通过使用数字技术，外贸行业涉及的产业链各个环节开始被互联网串联，进而可以真正实现信息互联互通、共享共用，为外贸企

---

① 《为数字贸易发展贡献中国方案》，中国商务新闻网百家号，https：//baijiahao. baidu. com/s？ id = 1677189900579035617&wfr = spider&for = pc，2020 年 9 月 7 日。

② 周晋竹：《贸易数字化助推中国对外贸易高质量发展》，中新经纬，https：//baijiahao. baidu. com/s？ id = 1701978726763639221&wfr = spider&for = pc，2021 年 6 月 8 日。

业全新发展打开了通道。电子商务作为一种仍处于不断发展和完善过程中的新型交易模式，在促进我国国际贸易迅速发展的同时，又带来了巨大的挑战和难题。

（1）成熟的全球电子商务框架尚未建立

国际贸易操作是一个烦琐而复杂的过程，涉及商务、公检、海关、税务等多个部门，运作过程伴随大量的单证、票据与文件。要实现贸易全流程数字化，实现"单同一致、单单一致、单证一致、单货一致"的目标，不仅需要单据和数据垂直分流，还要水平分流，而且所涉及的单位、部门要具有标准化数据接口。但国际贸易目前尚未形成强有力的协同执行体系，不能适应快速发展的电子商务。

（2）信息基础设施薄弱，网络规模相对较小

网络贸易要想实现从浏览、洽谈、签约、交货到付款等全部或部分业务自动化处理，需要利用数字化技术将贸易相关部门有机连接起来，实现各部门电子数据交换。但由于经济实力和技术等方面的原因，我国网络基础设施建设还比较缓慢和滞后，绝大部分企业的电子化、信息化程度低，而网络拥挤、运行速度慢、资费偏高等因素又进一步阻碍了电子商务的发展。

（3）企业在国际贸易中难以主动适应电子商务发展

由于经济环境和文化背景的影响，我国相当数量的企业在国际贸易中应用电商的主动性不足。多数外贸企业虽然已经上网，但还停留在信息查询阶段，拥有和国际接轨的专业网络平台的企业甚少。同时，外贸企业普遍缺乏创新意识和竞争意识，对电子商务给国际贸易即将带来的巨大冲击，没有充分的认识和准备。

（4）网络、信息和数据安全问题亟待解决

电子商务在给我们的工作、生活带来便捷的同时，也存在安全隐患。随着电子商务的发展，网上银行、网上合同、电子签名等应用会越来越广泛，大量的交易信息会在网上传递，资金也会在网上划拨流动。只有网络间的数据传递、交换和处理有很高的安全系数，才能有效地保障商业机密不被窃取、支付系统不被破坏，才能提高网上交易的权威性认证。无论国际还是国内，电子商务的安全性问题都不容乐观。

（5）全球贸易数字化法律体系尚未健全

在国际贸易网络交易中，由于交易双方处于不同的法律体系，如何鉴别网络电子商务单据资料的真伪，规范电子合同、电子商务认证、网上交易与支付，认定网上知识产权、电子商务管辖权等电子商务所涉及的法律问题，国际上缺乏统一的法律法规。我国现有法律法规制度的制定滞后于信息工业发展，一定程度上阻碍了电子商务的应用。

4. 货物贸易数字化发展趋势

（1）贸易进入数字化操作运营新阶段

数字化贸易操作系统建立在全球贸易多元化基础设施的升级改造基础上，包括商家操作系统、超级会员系统、标品库系统、金融支付系统、智慧物流系统等，为全球范围内企业和消费者提供数字化基础设施，从而助推"买全球、卖全球"数字贸易全球化的实现。

（2）贸易数字化以数字贸易化为先导

贸易数字化已经不只是传统意义上贸易的数字化，而是以数字贸易化为先导。它涵盖了贸易撮合数字化（线下、线上及相互结合的数字化销售等）；贸易执行数字化（本国本地区及跨境的物流、仓储、关务、许可证、税务等）；贸易服务数字化（市场服务、公共服务、口岸服务、争议解决机制，以及商检、金融、保险等）；市场主体数字化（所有贸易参与方、贸易主体、服务主体、生产主体等）；产品数字化（所有成品、半成品、原辅材料、大宗商品等）；产业链数字化（制造业的整个产业链上下游与产业流通环节）；产业资本数字化。

（3）人工智能全面介入贸易数字化各环节

贸易数字化发展是促进贸易领域可持续增长、高质量发展、顺应世界经济发展趋势的必然选择。人工智能已开始全面介入贸易数字化的各个环节，国际贸易合作逐步从"可信任贸易者"向"可信任贸易方式"转变。

5.货物贸易数字化发展建议

党的十九届五中全会对我国"十四五"时期发展做出了全面规划，开启了全面建设社会主义现代化国家新征程。对外贸易是我国经济发展的重要推动力量，加快贸易数字化发展不仅关系我国外贸的高质量发展，还关系推动形成"以国内大循环为主体、国内国际双循环相互促进的新发展格局"，关系贸易强国战略目标的早日实现，因而具有极其重要的现实意义和战略意义。

（1）增强贸易创新能力

面对我国劳动力成本不断上涨以及更大的经贸不确定性等国内外压力，要深度优化国际市场布局，巩固传统市场，拓展新兴市

121

场，支持企业开拓一批重点市场。要优化商品结构、贸易方式，切实增强贸易的自主发展能力。同时，要积极培育外贸新业态、新模式，推进跨境电商综合试验区的建设和发展。扩大市场采购贸易方式试点范围，推动加工贸易升级和梯度转移。此外，要培育一批进口贸易创新示范区，促进进出口平衡发展、东中西部地区平衡发展，建设更高水平的开放型经济，努力维护和保持外贸稳定增长态势。

（2）优化国际贸易结构

在当前形势下，贸易结构的优化显得更为紧迫且必要。首先，要深耕欧、美、日等相对成熟的发达经济体的国际市场，同时，也要发展以"金砖五国"为代表的、有较大增长空间的新兴工业国家市场。其次，要优化经营主体。应由龙头企业牵头，更好地融入全球供应链、产业链以及价值链，同时推动国有企业和民营企业共同发展。再次，要优化贸易方式，加大一般贸易的比重，加工贸易由原来加工简单的劳动力密集型产品转向机电产品、汽车设备等高科技的资本密集型产品。推动外贸高质量发展主要靠创新，做好创新的首要前提是夯实产业基础，培育具有竞争力的出口产品。需将贸易与 AI、5G 技术紧密结合，通过互联网、物联网、人工智能、区块链与贸易的有机融合，增强贸易的创新能力。在提升产品质量方面，除了要加强产品质量的管理以外，还要通过学习更多的国际先进标准，进一步完善认证制度。同时，还要注意做拳头产品，培育高质量品牌，提升附加值。

（3）稳定扩大利用外资

当前，我国吸引外资的形势复杂严峻。创造良好的营商环境对于稳外贸、稳外资而言至关重要。应通过进一步的"放管服"改革，构造良好的法治化、国际化、便利化的贸易环境，进一步推进贸易便利化和投资便利化。一要抓好已有政策落地生效，进一步增强外资企业获得感；二要继续压减负面清单，增补鼓励目录，通过"一减一增"，进一步扩大市场准入；三要抓好外商投资法及其条例的实施，全面取消商务领域外资审批和备案制，实施信息报告制度，着力打造市场化、法治化、国际化的营商环境；四要建立健全外商投资服务体系和外资企业投诉工作机制，有效维护外资企业合法权益。

（4）推动跨境电商发展

抓好产业链关键环节。大力优化跨境电商上游出口产品供给，针对国际市场需求侧变化，合理布局跨境电商上游产业，拓展出口产品产业链、价值链；抓住中游关键环节，扎实做好服务工作，培育或引进面对本土出口的跨境电商主体、提供一站式服务的综合服务商，形成国家与地方的跨境电商出口产品图谱，挖掘有传统基础且在境外有市场需求的特色产品；搭建沟通桥梁，鼓励开拓下游市场，主动为生产企业和出口跨境电商企业（平台）牵线搭桥；回应需求，鼓励创新，降低补贴政策门槛。

加快发展进口业务。加快建设高效基础设施，加大跨境仓等基础设施建设，加快口岸基础设施更新改造和信息化建设，增强城市群内货物转关通道合作，提高口岸承载能力和货物转关效率；着力提高监管效率，借鉴其他城市便利化措施，深化先行先试，进一步加强"关汇税"等部门间的合作，着力解决多头监

123

管、重复监管问题；强化公共服务平台建设，着力打造有影响力的跨境电商公共服务平台，依托公共服务平台，建立起包括信息共享、金融服务、智能物流、电商信用、统计监测、风险防控在内的"六大体系"；促进人才培养与引进，大力引进跨境电商高级人才、领军人才，加强校企联合培养，加大人才培训和储备力度；加强电子商务主体引进力度，打造电商企业总部基地，形成龙头企业带动和示范效应。

培育壮大物流体系。第一，推进仓储基地海外化。在海外建立仓库可以帮助跨境电商提前将货物配送到目的国，并且不受货物质量与体积的限制。在主要销售市场建立物流仓储基地，能够极大提高物流配送效率，降低消费者的等待时间。这对于树立良好的企业形象，服务消费者并提升其消费意愿都具有重要的促进作用。此外，在国外建立仓库也方便消费者换货，从而提高企业的售后服务水平，提高跨境电商的企业信誉。第二，提升信息化水平。引导制定跨境物流发展的统一信息化技术标准，加大基础信息服务投入力度，加快流通企业内部信息化建设，完善企业内部信息化水平，实现与国际标准对接。第三，实现网络与营销的国际化发展。我国跨境物流企业要更好地布局物流网络，不仅需要政府加大资金支持力度，企业自身也应当树立国际化发展意识。随着市场竞争的日益激烈，要推动跨境物流企业的发展，就必须提升其市场营销能力，走国际化营销道路。国际化的市场营销可以帮助跨境物流企业提升市场份额，而市场份额的提升能够进一步促进跨境物流企业的国际化发展。

积极开拓国际市场。积极鼓励传统外贸企业转型升级，以跨境电商等新模式探索发展新路径。但企业发展跨境电商积极性不高，延缓了其开拓国际市场的步伐。因此，应加大对跨境电商的宣传力度，进一步增强企业发展跨境电商的主动性，提高企业利用自有平台和跨境平台发展跨境电商的能力。加强对跨境电商平台的支持，营造有利于跨境电商平台发展的环境。设立跨境电商产业贷款担保基金，采取"政府 + 银行 + 跨境电商平台 + 企业"的模式，建立跨境电商融资服务风险补偿分担机制。

推动传统外贸企业转型。要从外贸转型升级和可持续发展的高度，认识开展跨境电商的重要性。跨境电商有助于外贸企业直接面对终端消费者，从而倒逼外贸企业去研究海外消费者，更为积极地研究市场、把握终端消费市场。外贸企业将供应链直接延伸到终端消费者，有效地掌握了贸易主动权，规避了中间商的信用风险。在消费市场容量增长乏力的大环境下，电子商务却处于快速上升通道，布局跨境电商无疑可以为传统外贸企业提供持续发展的动力。

（5）拓展数字贸易空间

在应对新冠肺炎疫情冲击和推动疫后重振中，数字新业态新模式充分展现了零接触、跨时空、敏捷性、普惠性的优势。随着大数据、云计算、人工智能等数字技术与垂直领域的融合深化，数字经济发展空间得到进一步拓宽。为更好地推进对外贸易数字化转型、推动数字贸易高质量发展，全国各地正推出一系列特色举措。依托跨境电商企业和平台企业的技术力量，利用电子商务远程交易的优势，集成更多更优的贸易综合服务，打造数字贸易公共服务平台，支持企业利用新型数字化手段开拓国内外市场，助力稳外贸、促消费。进一步发展数字贸易应从提升战略认知、深入推进数字基础设施建设、夯实产业基础、突破核心关键技术、搭建国际化平台、拓展海外市场、加强规则衔接等方面入手，抢占数字贸易发展先机。

（6）完善数据要素机制

党的十九届四中全会提出"健全劳动、资本、土地、知识、技术、管理、数据等生产要素由市场评价贡献、按贡献决定报酬的机制"；2020年4月，国务院颁布的《关于构建更加完善的要素市场化配置体制机制的意见》也提出"加快培育数据要素市场"，并对构建和完善数据要素市场化配置体制机制做出部署。上述政策都对我国数字经济治理给出了明确方向，特别是对于数据市场的建设和管理提出了更高要求。促进我国数据市场规范发展，需要从顶层设计的角度加快统筹市场政策体系，优化市场管理规则，推进基本制度建设，形成体系完备、规则合意、执行有效的制度框架，健全数据开放的管理制度，完善数据流动的交易制度，夯实数据市场的监管制度，为数据市场发展提供重要的制度性基础条件。应确立数据要素的产权制度，尽快制定相关法律法规，对数据的所有权、占有权、支配权、使用权、收益权、处置权等进行规则化明确。形成一支专业素质较高的数据产权保护人才队伍，并通过规则进一步加大针对侵害数字要素产权的执法力度。加快数据要素分配制度建设，在明确产权的基础上形成数据要素按市场评价贡献、按贡献决定报酬的初次分配基本框架，同时构建通过财税工具完善再分配的政策体系。

（7）参与国际规则制定

目前，全球化电商中缺乏一套完整的规范全球跨境电商的规则体系。无论是世贸组织（WTO）、万国邮政联盟还是世界海关组织，近几年来都没能对跨境电商贸易规则做出重大的实质性的推进。如果没有一个全球统一的规则体系，少数发达国家就会利用这一机会，采取单边主义的行动，任意对跨境电商实施监管行为。实际上，美国已经采取了这样的行为，它对货物跨境电商进行分类监督管理，而且对所有进口商进行登记、备案，实行名单制度，规定美国有权对任何跨境电商企业进行罚款等。全球跨境电商缺乏统一的规则体系的现状，也为我国积极参与和进一步加强在制定跨境电商国际规则方面提供了空间。

（8）营造良好发展环境

协同配合汇聚发展动力。推动跨境电商综试区和产业园区协同发展，加强顶层设计和规划引领，探索跨境电商综试区政策共享模式，发挥跨境电商综试区"金字招牌"的示范带动作用，推动跨境电商综试区线上综合服务平台对外开放，推广跨境电商综试区经验做法；提高各级园区认定数量和速度，努力形成跨境电商综试区和省、市级园区一体化竞相发展态势。

探索创新监管模式。完善监管顶层设计，理顺监管环节流程，根据市场情况及时提出监管解决方案；完善监管软硬件设施，建设"智慧口岸"，提高监管工作智能化水平；强化部门协作，细化制度规定，商务、海关、外汇、税务等监管主体协同合作，制定统一的信息备案、市场准入、质量监控、信用评价等管理规定，用制度规范市场行为；完善跨境通关服务平台，扩大线上办理范围，提高在线办理效率；融监管于服务，鼓励监管机构更多了解市场情况和企业需求，不断提高我国货物贸易数字化监管能效。

做大货物贸易数字化规模。营造货物贸易数字化发展氛围，建立货物贸易数字化发展基金，优化货物贸易数字化供应链，培育货物贸易数字化电商平台。以政府为主导，采取购买服务形式，坚持公益化或半公益化，整合各类服务资源，建立货物贸易数字化孵化中心，为货物贸易数字化企业提供高水平的服务。着力培养实用人才，并做好资源对接，同时解决保税仓储与通关便利化问题。

（二）服务贸易数字化发展报告

1. 我国服务贸易发展简况

服务业是国民经济的第一引擎，也是我国建成全球最大规模消费市场的关键环节。

2020 年，我国服务进出口增速降幅逐季收窄趋稳，服务出口明显好于进口，贸易逆差减少，知识密集型服务贸易占比提高。受新冠肺炎疫情等多种因素的影响，我国服务进出口总额达 45642.7 亿元[①]，同比下降 15.7%。

---

① 《商务部召开例行新闻发布会（2021 年 2 月 4 日）》，商务部，http://www.mofcom.gov.cn/xwfbh/20210204.shtml，2021 年 2 月 4 日。

主要呈现以下特点。①

一是 12 月当月服务出口增速创年内最高。12 月当月我国服务出口 2316.2 亿元，同比增长 6.9%，是 2020 年出口增速最高的月份。其中，知识产权使用费出口 79.4 亿元，同比增长 76.6%；个人文化娱乐服务出口 13.5 亿元，同比增长 46.5%；运输出口 509.7 亿元，同比增长 56.9%。

二是服务贸易逆差大幅减少。2020 年，我国服务出口 19356.7 亿元，同比下降 1.1%；进口 26286 亿元，同比下降 24%。服务出口降幅小于进口 22.9 个百分点，带动服务贸易逆差下降 53.9% 至 6929.3 亿元，同比减少 8095.6 亿元。

三是知识密集型服务贸易占比提高。2020 年，我国知识密集型服务进出口 20331.2 亿元，同比增长 8.3%，占服务进出口总额的比重达到 44.5%，提升 9.9 个百分点。其中，知识密集型服务出口 10701.4 亿元，同比增长 7.9%，占服务出口总额的比重达到 52.6%；出口增长较快的领域是知识产权使用费、电信计算机和信息服务、保险服务，分别同比增长 30.5%、12.8%、12.5%。知识密集型服务进口 9629.8 亿元，同比增长 8.7%，占服务进口总额的比重达到 47.4%；进口增长较快的领域是金融服务、电信计算机和信息服务，分别同比增长 28.5%、22.5%。

四是旅行服务进出口大幅下降。全球新冠肺炎疫情形势严峻，

① 《商务部召开例行新闻发布会（2021 年 2 月 4 日）》，商务部，http://www.mofcom.gov.cn/xwfbh/20210204.shtml，2021 年 2 月 4 日。

世界范围内旅行服务进出口受到很大影响。2020 年，我国旅行服务进出口 10192.9 亿元，同比下降 48.3%，其中出口同比下降 52.1%，进口同比下降 47.7%，旅行服务进出口下降是导致服务贸易下降的主要因素。剔除旅行服务，2020 年我国服务进出口同比增长 2.9%，其中出口同比增长 6%，进口基本持平。

2. 服务贸易数字化发展现状

（1）数字化进展

当今世界正在经历百年未有之大变局，习近平主席在 2020 年中国国际服务贸易交易会全球服务贸易峰会上致辞时指出："我们要顺应数字化、网络化、智能化发展趋势，共同致力于消除'数字鸿沟'，助推服务贸易数字化进程。"新一轮科技革命带动数字技术强势崛起，引领服务经济蓬勃发展，而数字服务贸易也必将成为我国对外开放向格局更优、层次更深、水平更高方向发展的重要抓手。

①我国服务贸易数字化规模大、增长迅速。

我国服务业数字经济占行业增加值比重达 38%，在三次产业中数字化水平最高、转型速度最快。2019 年，我国可数字化服务贸易额为 1.9 万亿元。[①] 从 2005 年以来的十几年间，可数字化服务贸易出口额增长达 7 倍，进口额增长达 3 倍，而在全球格局中，中国数字服务出口排名第 8，数字服务进口排名第 7。可以看出，我

[①] 《〈中国数字贸易发展报告 2020〉发布：中国 2019 年可数字化服务贸易额超 2700 亿美元》，AMZ123 网，https：//www.amz123.com/thread－580135.htm，2020 年 10 月。

国服务贸易的数字化增长态势较为平稳乐观，但与美国、英国等欧美发达经济体相比，仍有较大增长空间。

②服务贸易呈现数字化、智能化、网络化特征。

随着各国数字经济的发展，服务贸易已经并将继续成为世界经济增长的内在动力源，数字贸易引领全球贸易升级迭代，贸易方式与贸易对象的数字化逐渐成为新趋势。服务业开放是我国新一轮开放发展的重点内容，服务贸易将日益智能化、数字化、网络化，制造业服务化趋势逐步明显。准确把握服务贸易发展的大趋势，数字服务贸易将继续呈现高速增长态势，全球服务贸易结构将呈现高端化的发展方向，全球服务贸易的规则也正在加速重构。

（2）数字化实践

①数字化加速服务贸易结构优化。

1997 年，中国服务贸易以旅游业为主，其次是其他商业服务和运输业，加工服务业，电信、计算机和信息服务业，保险金融服务业，建筑业，知识产权使用费等。近年来，中国服务贸易行业结构发生了显著变化。

2019 年，我国服务贸易总体保持平稳增长，逆差持续下降，结构显著优化，高质量发展成效初步显现。服务贸易整体规模为5.4 万亿元①，数字贸易所占比重为 25.6%，相比上年同期提升3.4 个百分点。在行业结构中，旅游业占比由 1997 年的 49.3% 缩

---

① 《〈中国数字贸易发展报告 2020〉发布：中国 2019 年可数字化服务贸易额超2700 亿美元》，AMZ123 网，https：//www. amz123. com/thread－580135. htm，2020 年 10 月。

小为 12.1%，电信、计算机和信息服务业占比由 1997 年的 0.3%增加至 18.8%，知识产权费占比由 1997 年的 0.2%增加至 2.4%。2020 年以来，全球新冠肺炎疫情对我国服务贸易造成较大影响，服务进出口规模下降。面对新形势新挑战，需要加快实现服务贸易提质增效的目标。

②数字贸易是国内服务贸易创新发展的亮点。

2020 年 8 月，国务院常务会议正式批复同意并印发了《全面深化服务贸易创新发展试点总体方案》，新一轮试点从原有的 17 个地区扩围至 28 个，试点内容也在前两轮基础上"全面深化"。数字贸易是新一轮试点的一大亮点。该方案提出，国家层面将在试点平台上大力推进数字服务、版权服务、医药研发、检验检测、在线教育等新业态新模式发展，特别是在数字贸易领域，重点探索数据流动与监管的创新和开放。从具体的领域看，数字贸易包括软件、社交媒体、搜索引擎、通信、云计算、卫星定位等信息技术服务，数字传媒、数字娱乐、数字学习、数字出版等数字内容服务，以及通过数字交付的服务外包等三大类。

③数字服务成为服务贸易领域的新增长点。

目前，各贸易大国均积极参与塑造数字经济和数字贸易的未来。在世贸组织公布的 40 多个多双边区域协定中，有 32 个协定将数字贸易或电子商务专设为单独章节。服务贸易已经成为全球经济增长的新引擎，而数字服务正成为服务贸易领域新的增长点。如何把握机遇，抓住服务贸易数字化风口，已成为各国政策制定者面临的新挑战。

3.服务贸易数字化发展问题

（1）服务贸易结构不合理，整体开放程度有限

自 2000 年以来，我国服务贸易竞争力呈现逐年下降的趋势。[①]
服务贸易逆差的持续扩大不利于中国经济的稳定发展，经济容易受
到国际市场波动的不利影响。贸易结构失衡也是导致多年来持续贸
易逆差的重要原因。与此同时，国际服务贸易壁垒的存在也成为重
要制约因素。尽管贸易自由化与经济全球化是世界经济运行的整体
趋势，但国际服务贸易壁垒更为隐蔽，且广泛盛行于西方发达国
家，发达国家所设立的服务贸易壁垒限制了中国服务贸易活动的
开展。

（2）服务贸易统计制度不完善，创新发展遇阻

一方面，国家政策扶持力度不足导致主要企业相关数据直报不
积极，相关部门对统计数据的收集分析难度很大；另一方面，外汇
管理部门与行业主管部门的统计信息缺乏有效对接机制，部门之间
数据对比与实时信息共享难以实现，统计数据漏统现象时有发生。
各主管部门对于行业数据的公布存在滞后性，不利于地方创新发展
工作的开展。

（3）行业结构分布不合理，高端复合型人才匮乏

目前，我国从事传统服务贸易的专业型技术人才相对过剩，严
重缺乏具备跨行业知识技能的复合型专业人才，因而难以满足现代

---

① 许唯聪、李俊久：《中国服务贸易的发展现状、问题及对策》，《区域经济评论》2020 年第 5 期。

服务业跨区域发展的需要。在数字化和传统产业不断融合的过程中，企业在选择人才时，更需要既懂技术又懂业务的复合型人才。同时，市场需求也激发了人才自主学习"数字化"知识的动力。随着互联网信息技术的兴起，我国服务业要想顺应时代潮流，实现创新发展，就迫切需要高端人才加入云计算、网络金融及大数据等新型服务业领域。未来数字化人才缺口将进一步扩大，培养具有三维领导力的数字化转型人才是关键。

4. 服务贸易数字化发展趋势

新冠肺炎疫情对我国服务贸易发展构成严峻挑战，未来需要加大人工智能、大数据、物联网、5G、虚拟现实等相关技术在服务领域的应用，以数字化引领服务贸易转型升级。

（1）疫情加速推动服务贸易数字化进程

疫情在全球蔓延导致国际环境更加复杂严峻，世界经济衰退风险高企。新冠肺炎疫情导致 2020 年全球经济负增长 3%[①]，成为自 2008 年国际金融危机以来世界经济衰退最严重的年份。2020 年世界贸易下降 13%～32%，几乎世界所有国家或地区的贸易额都出现两位百分数下降。新冠肺炎疫情不可避免地对服务贸易造成影响，各国采取的限制运输和旅行、关闭零售业和酒店业等措施，给服务贸易造成最为直接的影响。[②]

---

① 《国际货币基金组织：预计 2020 年全球经济将萎缩 3%》，中国新闻网百家号，https：//baijiahao. baidu. com/s？ id ＝ 1663992656794895761&wfr ＝ spider&for ＝ pc，2020 年 4 月 15 日。

② 世界贸易组织（WTO）：《全球贸易数据与展望》，2020 年 4 月 8 日。

（2）服务贸易转型发展进入关键阶段

在疫情背景下，服务贸易发展提质增效的迫切性更为凸显。当前，互联网、大数据和云计算等新兴技术快速发展，显著降低了跨境服务贸易的成本。新冠肺炎疫情的出现加速了线下经营向"互联网＋"线上模式的转变进程，为诸如线上办公、线上教育等电信计算机和信息服务贸易提供了新的发展契机，促进了数字技术在新兴服务贸易领域的应用。同时，随着我国进一步加大金融、保险等服务领域对外开放的力度，技术、数据等新型要素质量和配置效率不断提高，服务领域发展新动能将得以加快释放，为服务贸易转型发展创造更多有利条件。

（3）服务贸易数字化发展前景广阔

新冠肺炎疫情的冲击将加快我国数字化服务贸易的发展进程。我国数字经济规模巨大，互联网基础日益完善，在5G、云计算、人工智能、大数据、物联网等新兴技术领域积累了较强优势，为数字化服务贸易的发展提供了重要支撑。新冠肺炎疫情发生以来，医疗、教育、餐饮、零售等传统服务领域的数字化需求呈现指数级增长态势。2020年1～4月，知识流程外包中的医药和生物技术研发外包离岸执行额为126.1亿元[①]，同比增长47.7%；离岸信息技术外包中的云计算服务、信息技术解决方案服务、人工智能服务等新兴数字化服务离岸执行额分别同比增长179.1%、189.2%、

---

① 陈芳：《数字服务、医药研发等离岸服务外包执行额大幅增长 专家称数字化将助力产业加快发展》，上海证券报·中国证券网，https：//news. cnstock. com/news，bwkx－202005－4535969. htm，2020年5月20日。

423.4%。同时，我国还认定了首批 12 个国家数字服务出口基地，加快数字技术在服务贸易中的应用，加速培育数字贸易新业态新模式，带动我国服务贸易持续实现高质量发展。

（4）数字贸易是服务贸易高质量发展的亮点

数字化服务贸易一方面通过数据流动加强产业间的知识和技术要素共享，引领各产业协同融合，带动传统产业数字化转型并向全球价值链高端延伸；另一方面推动了服务贸易的多样化发展，催生出如数字旅游、数字教育、数字医疗、数字金融等服务贸易领域新业态新模式，带来服务贸易高质量发展的新机遇。当前我国服务贸易在 GDP 中的占比仅为 5%[1]，服务贸易在所有国际贸易中的占比依然较低，中国数字贸易在全球数字贸易中的占比仅为 4.5%。服务贸易的提升是高质量对外开放的关键，而数字贸易又是服务贸易高质量发展的亮点。

5. 服务贸易数字化发展建议

（1）壮大市场主体

国内服务业发展滞后阻碍了我国服务贸易发展，因而必须扶持国内服务业尤其是新兴服务业发展，壮大服务市场主体，实现服务贸易稳定发展。逐步健全扶持服务业发展的法律体系，给予新兴服务业以优惠政策支持。提高规范化水平，加快产业集聚，向现代服务业转型，加快传统服务业改造升级的步伐，提高服务业总体供给

---

[1] 苏德悦：《数字贸易引领服务贸易风潮》，《人民邮电报》2020 年 9 月 10 日第 1 版。

水平。推进服务行业的有序开放，降低部分服务行业如金融、保险、交通运输业的准入门槛，简化中间程序，放松对服务业的管制，允许更多资本尤其是外资流入，使服务业迸发新的活力。

（2）不断提升竞争力

从世界范围来看，与全球同等收入水平的国家相比，中国服务业占比较低，并且服务贸易长期存在逆差。在全球经济疲软和新冠肺炎疫情的影响下，经济不确定性加强，旅游及留学人数下降，服务进口下降，但服务出口潜力不断释放。在推动服务贸易发展的过程中，既要稳步提升服务贸易比重，巩固具备优势的服务行业出口，也要注重提升服务贸易增加值，着重增强新兴服务行业出口，进一步实现新旧动能转换，逐渐形成中国服务业国际品牌。

（3）注重中高端服务

随着国民收入增长及需求结构升级，高品质服务需求不断上升。电信、商业服务、文化及娱乐、旅游等新兴服务行业消费需求显著增加，而这些行业是我国产业发展链条上的薄弱环节，迫切需要提质、增效、升级。应继续深化服务业对外开放，积极参与多边、双边及全球贸易规则制定，在引进国外先进技术的同时，倒逼国内服务业适应全球高标准。我国仍可依托自贸试验区、综合试验区等载体，完善中高端服务相关政策，在自贸区、综试区等先行先试后再推广至全国，提升中高端服务贸易竞争力，推进贸易结构转型升级。

（4）持续优化贸易结构

随着数字经济广泛普及，数字化服务贸易增长迅速。大数据、人工智能、云计算等数字技术的应用极大提升了服务的可贸易性，以通信、计算机、电信等为依托的行业将成为推动服务贸易增长的关键。注重服务贸易供给侧结构性改革，顺应全球价值链分工新趋势，推动以数字技术为支撑、高端服务为先导的新兴服务贸易发展，有助于推动"服务＋"整体出口，同时可以加强服务业与制造业、货物贸易与服务贸易深度融合。

（5）构建数字治理体系

在全球数字贸易规模不断扩张的背景下，中国数字贸易发展势头良好，但与发达国家相比仍有很大差距。我国应从以下四个方面推动数字贸易的发展。一是要深入研究数字贸易的发展规律和相关理论。数字贸易与传统贸易有非常大的差异，原有的国际贸易理论需要做进一步调整，以顺应新发展需要。二是推动我国数字化服务贸易发展。要完善数据补偿机制，推动数据要素有序流动；加快经济社会数字化转型，提升传统服务可贸易程度；鼓励信息通信产业创新创业，推动新兴数字化服务贸易发展。三是完善我国的数字化治理体系。第一，完善数据保护与跨境流通规则，明确可贸易数据范围，落实数据应用规则，完善敏感数据保护，构建数据补偿机制。第二，完善跨境数字服务监管与治理体系，在开放数字服务领域的同时，应尽快完善不同门类的线上服务规则，明确监管主体、监管范围和监管手段。四是深度参与全球数字贸易治理体系的构建。确保相关议题讨论的公平、公正、民主，使发展中国家也能很好地参与数字经济全球分工，并从中获益。

（6）拓展区域合作新空间

党的十九大报告明确指出，要实施区域协调发展战略。随着西部大开发、东北振兴、中部崛起、东部率先发展等区域发展战略的内涵不断丰富，区域协调发展被赋予更为重大的历史使命。作为区域分化严重的服务贸易，要坚持问题导向及政策的可针对性。可扩大东部地区在服务贸易发展中的引领作用，在东部地区率先实行旅游、文化、金融、医疗等新兴服务行业的开放政策，再依据政策效果、考虑中西部地区区位及资源优势，将试行政策在中西部地区有选择性地推广。此外，政府可为中西部地区技术先进型企业提供研发资金支持或税收政策支持，推进相关服务企业培育特色品牌，鼓励错位竞争、协同发展。

（7）激发"一带一路"潜能

服务贸易正成为共建"一带一路"国家和地区新的经济增长点。近年来，中国分别与中东欧国家、金砖国家签订了《中国－中东欧国家服务贸易合作倡议》《金砖国家服务贸易合作路线图》，英国、日本、新加坡、俄罗斯、印度、巴西、乌拉圭等 14 个国家与中国建立了服务贸易双边合作机制。[①] 服务贸易合作与基础设施合作、国际产能合作，以及金融、人文交流等其他领域的合作是密不可分的。下一步，中国要把服务贸易合作融入"一带一路"建设中的各个方面、环节和领域，更深更实地加强服务贸易合作，通过服务贸易合作带动其他领域的合作。比如，"一带一路"建设中的"五通"可以挖掘这些领域背后的服务贸易合作潜力；又如，

---

① 倪铭娅：《商务部：目前中国已与英国、日本等 14 个国家签署服务贸易合作备忘录》，中国证券报·中证网，http://www.cs.com.cn/xwzx/hg/202011/t20201106_ 6109198. html，2020 年 11 月 6 日。

目前中国与共建"一带一路"国家和地区正在打造六大经济走廊，其中重大项目的落地和港口领域的合作不仅在基础设施建设方面，还在后期的运营维护方面，这些都涉及服务贸易的内容，也是未来中国与共建"一带一路"国家和地区服务贸易合作的潜力所在。

（8）全面深化政策创新

根据《全面深化服务贸易创新发展试点总体方案》的要求，通过全面深化试点，使服务贸易深层次改革全面推进，营商环境更加优化，市场活力更加凸显；高水平开放有序推进，服务业国际化发展步伐加快，竞争更加充分；全方位创新更加深化，产业深度融合、集群发展，市场主体创新能力明显增强；高质量发展步伐加快，试点地区先发优势更加突出，全国发展布局更加优化，有力促进对外贸易和经济高质量发展，为形成全面开放新格局、构建现代化经济体系做出贡献。因此，通过服务贸易创新发展试点，我国政府和企业必须紧跟当前服务贸易数字化大浪潮，利用互联网、大数据等数字技术，鼓励和加大自主研发投入，提升自身创新能力。我国应创造出更多的发明专利并推动专利走向海外，部署海外专利战略，从专利大国走向专利强国，以应对知识产权贸易摩擦。同时，为我国服务贸易做好人才战略储备，培养能够与时俱进、开拓创新的国际服务贸易人才，为我国服务贸易占领全球价值链的制高点提供助力。

（三）跨境电商发展报告

1. 跨境电商发展现状

跨境电商是基于互联网的新型贸易业态，是数字商务中创新最为活跃的组成部分之一，也是推动贸易数字化转型的关键动力。通过跨境电商，外贸企业正在不断打通线上与线下、内部与外部、消费端与供给端，以数据智能重构商品、营销、研发、渠道、品牌、制造等供给体系和价值体系，引领中国外贸高质量发展。

2020年，新冠肺炎疫情给全球经济带来了巨大冲击，国际贸易面临严峻挑战。跨境电商发挥数字化独特优势，呈现逆势增长态势，为外贸企业应对疫情冲击做出了积极贡献，成为稳外贸的重要力量和连接"双循环"新格局的关键纽带。海关总署数据显示，2020年，我国跨境电商进出口总额达1.69万亿元①，按可比口径计算增长31.1%，其中，出口为1.12万亿元，同比增长40.1%，进口为0.57万亿元，同比增长16.5%。全年通过海关跨境电子商务管理平台验放进出口清单达24.5亿票，同比增加63.3%。

（1）主要进展

①扶持政策持续加码。

我国高度重视以跨境电商为代表的新型贸易方式发展。2020年，新冠肺炎疫情使国际贸易面临严峻挑战。在此背景下，2月，商务部发布政策，支持市场采购贸易与跨境电商融合发展，鼓励跨境电商综合试验区提供海外仓信息服务，帮助企业利用海外仓扩大

① 《海关总署2020年全年进出口情况新闻发布会》，海关总署，http：//fangtan. customs. gov. cn/tabid/1106/Default. aspx，2021年1月14日。

出口；4月，国务院同意在雄安新区等46个城市和地区设立跨境电子商务综合试验区；6月，中央稳外贸工作座谈会提出要加快发展跨境电商、鼓励多元投入建设海外仓；7月，海关开启跨境电商B2B监管方式试点。一系列支持政策的密集出台，表明国家对跨境电商在"稳外贸"中发挥关键作用寄予厚望，大力引导外贸企业应用跨境电商应对疫情冲击。

②贸易渠道日渐多元化。

随着传统主流跨境电商平台流量红利减弱，企业开始加速利用新技术创新业务模式，跨境电商与社交网络、跨境直播、短视频等加速融合，贸易渠道也日趋多元。一方面，在跨境电商流量碎片化、建站工具逐渐成熟、平台规则逐步完善等因素的作用下，越来越多的企业投入独立站建设，跨境电商独立站逐渐兴起。亿邦动力数据显示，1/4的企业已经开设独立站，另有1/4的企业表示正在筹划建设独立站；平均每个卖家运营的站点数为3.56个。[①] 另一方面，一些社交媒体、短视频平台等也相继推出电商功能。例如，2019年以来，TikTok在美国测试购物功能，在印度尼西亚开放了直播间购物车，Facebook宣布在Facebook主应用内和Instagram上推出新的电子商务功能。此外，YouTube也正在测试某些电子商务功能。这些将为未来跨境电商的发展创造新的赛道。

[①] 《亿邦智库公布〈2020跨境电商发展报告〉》，亿邦动力，https：//www.ebrun.com/20201127/412261.shtml，2020年11月27日。

③品牌出海成效显著。

随着企业在产品研发和自有品牌建设上的投入不断增加，越来越多的跨境电商品牌走向国际市场，在推动我国外贸转型升级的同时，进一步提升了"中国制造"的国际形象。Google 联合 WPP 和 Kantar 发布的《2020 BrandZ™中国全球化品牌 50 强》显示，安客创新（Anker）、南京领添（SHEIN）、傲基科技（AUKEY）、ZAFUL、GearBest 等五个跨境电商品牌上榜，其品牌影响力甚至超越多个传统知名品牌，充分体现出跨境电商对国际品牌孵化的引领作用。

④"丝路电商"活力凸显。

近年来，商务部积极推进"丝路电商"建设。截至 2021 年 7 月底，中国与 22 个国家建立了双边电子商务合作机制，遍布五大洲，"丝路电商"成为贸易合作的新渠道。面对世界范围内新冠肺炎疫情的冲击，在"丝路电商"合作框架下，商务部积极推动与伙伴国共同应对疫情挑战的合作，推动电商企业利用采购渠道和物流网络优势，为相关国家和地区提供抗疫物资，支持意大利、俄罗斯、智利等国在国内大型电商平台开设国家馆，在第二届"双品网购节"期间设置伙伴国专题，帮助伙伴国特色优质产品直接进入中国市场。与此同时，商务部积极推动自贸协定电子商务谈判，完成《区域全面经济伙伴关系协定》以及中国－柬埔寨、中国－新西兰等电子商务议题谈判，为加强各成员电子商务合作提供制度保障，促进区域内电子商务健康发展。

⑤跨境服务生态日益完善。

随着跨境电商持续发展，跨境电商生态服务体系也不断升级。一是跨境电商物流企业加速海外布局，优化全球供应链服务体系。2020 年，菜鸟国际成为全球新四大跨境包裹网络服务平台之一，日均处理跨境包裹订单超过联邦快递（FedEx）和敦豪快递（DHL），仅次于美国联合包裹（UPS），在全球物流网络上拥有 200 多个跨境仓库、300 多条跨境专线，配送范围覆盖 224 个国家和地区。同时，疫情也加速了全球海外仓的建设。商务部数据显示，截至 2021 年 1 月底，跨境电商海外仓数量已超 1800 个[①]，面积超 1200 万平方米。二是跨境支付能力显著增强，支付服务范围不断扩大。例如，连连支付支持包括美国 Wish、Amazon 和 eBay，东南亚 Shopee，中东 Souq，法国 Cdiscount，巴西 Mercado，日本 Rakuten，中国京东等在内的 20 多家全球主流电商平台 60 多个站点的跨境收款服务，覆盖 100 多个国家和地区；PingPong 支持亚马逊北美站、日本站、欧洲站，Wish 及 Newegg 等多个平台。同时，随着跨境电商市场交易规模持续扩大，企业对于相关的通关、代运营、SaaS 服务、海外营销、人才培训等需求也在不断增长，带动了相关专业服务市场快速发展。

（2）模式实践

①依托平台赋能，带动外贸数字化服务生态协同发展。

经过多年发展，跨境电商平台的功能从单纯信息发布、供需匹

---

① 《商务部召开 2020 年商务工作及运行情况新闻发布会》，商务部，http://www.mofcom.gov.cn/xwfbh/20210129.shtml，2021 年 1 月 29 日。

配，逐步向主导供应链、数字化整合上下游资源"进化"。跨境电商平台汇聚了大量的外贸数字化服务商，提供数字营销、跨境直播、跨境支付、海外仓、数字化供应链、跨境数据分析、SaaS 服务、3D 展厅、语言翻译等便捷、高效的数字化服务和工具，实现数字资源与数字能力共享，帮助企业降低外贸数字化门槛，提高外贸数字化整体服务水平。例如，亚马逊在 2020 年投入 180 亿美元，用于研发和提升其在产品、服务、物流等方面的工具，帮助第三方卖家在亚马逊平台实现业务增长。阿里巴巴国际站从多元化贸易场景出发，协同阿里巴巴经济体一同搭建政务、支付、物流、消服以及商业五张"大网"，提供数字化、差异化跨境贸易解决方案。依托平台优势，跨境电商驱动外贸数字化生态协同发展，推动贸易链上下游企业的数据、技术、资本、市场等全面互联和资源配置优化，加速了外贸企业的数字化转型，促进了外贸行业整体创新发展。

②释放数据价值，驱动跨境产品和服务快速创新迭代。

在精准匹配需求方面，外贸企业依托跨境电商平台积累的消费大数据，可以分析海外消费者的需求偏好、购买周期、消费者行为等，从而改进与创新，推动与消费者需求精准匹配的产品快速迭代，为消费者提供超出预期的购物体验。

在个性化定制方面，对消费偏好的洞察还可以帮助外贸企业优化产品的研发与设计，为海外用户提供定制化、个性化的产品和服务，以创新和个性化"俘获"全球消费者。以 SHEIN 为例，日均上新数百上千件产品，这些新款由设计团队利用数据系统捕捉消费者偏好后再进行开发，满足不同消费者需求。

在驱动产品研发智能化升级方面，跨境电商催生了以商品为计算对象的数据智能，为跨境商品创新研发构建和完善了知识图谱。例如，Club Factory 利用 AI 算法分析，搜集整理不同国家和地区的市场热点、潮流趋势、消费者画像、销售数据等信息，根据算法结果为消费者在页面上推出商品信息，商品，从图片、标题、尺寸到详情介绍等信息全部由人工智能自动生成。

③直接触达海外消费者，助力中国品牌国际化。

外贸企业借助第三方跨境电商、独立站、跨境直播等平台可以低成本、高效率地直接触达海外消费者，打通国内品牌与海外消费者需求之间的信息流，使以海外消费者为中心塑造自有品牌的路径得以实现。在实践中，外贸企业利用新技术创新各种跨境电商模式，构建连接海外消费者的品牌社群，以"精细化、情感化、个性化"为核心，深化内容生成、消费者体验、数据分析、品牌价值传递等运营环节，再将海外消费者的反馈落实到设计、生产和营销的各个环节，帮助企业精准迭代、优化产品，增强与海外消费者之间的情感连接，提高海外消费者的品牌忠诚度。同时，在营销方面，自有品牌还可以依靠搜索引擎、海外社媒、网红带货等渠道，在海外市场实现快速裂变传播，加速中国品牌出海进程。

④创新组织模式，加速跨境供应链优化升级。

要满足来自全球的多元化、个性化、差异化的跨境电商订单需求，外贸企业需要具有更快速、灵活的供给体系。外贸企业利用供应链信息系统，将前端海外消费者需求快速反馈至后端工厂和供应商，并根据消费者需求进行动态调整和优化，促进供应链体系从"链状"协作模式向"网状"协作模式转变，形成快速响应的供应链体系和柔性生产模式。例如，贵州灵峰科技产业园将开发的新品茶通过跨境电商平台进行销售，再将销售数据和用户反馈情况与茶产业种植、生产技术改进、创新研发等环节有机结合起来，集中开发国内茶和出口茶，面向国内外不同市场打好低中高端产品"组合拳"。目前，该企业已布局阿里巴巴国际站、亚马逊、eBay 等重要跨境电商平台，贸易洽谈国家达 20 余个，年出口额突破 500 万美元。与此同时，随着跨境电商供应链服务的兴起，越来越多的中小外贸企业通过跨境电商供应链服务平台进行备货、采购、流转等，借助供应链综合服务的稳定性以及弹性优势，快速提升了抗风险能力。

（3）发展问题

①跨境电商数字化服务生态体系有待完善。

跨境电商涉及环节多，流程复杂，信息化难度大，单纯依靠企业实现外贸数字化转型难度较大。目前，与跨境电商相关的通关、物流、海外仓、支付、结算、代运营、市场营销、数据分析、咨询、教育和培训等专业服务、境外本土化服务尚不发达。全球跨境电商物流配送体系尚不健全，无法满足高速增长的跨境电商发展需求。冷链物流基础设施不足，逆向物流在物流成本、货品价值、时效性、跨境服务、保障消费忠诚度等方面也面临挑战。跨境电商金融服务，尤其是适合中小外贸企业发展的电商金融服务亟待创新升级。

②跨境电商对外贸数字化的带动力有待加强。

目前，传统外贸企业对跨境电商认识不足，多数将跨境电商作为线下渠道的补充；对跨境电商所引领的贸易数字化的战略价值判断不足，进行跨境电商转型的积极性不高。跨境电商数字化服务业不发达，导致数字化服务供给不足，无法满足传统外贸企业的跨境电商应用需求。跨境电商对于传统外贸产品开发、柔性生产、库存备货、品牌建设、产品迭代等的赋能作用仍然有限。

③跨境电商数字化服务专业人才短板突出。

当前，数字人才缺乏成为制约传统外贸企业借助跨境电商实现数字化出海的主要瓶颈。中国外贸领域经营主体以中小企业为主，这些企业既缺乏掌握数字化经营与跨境电商运营理念、具备数据挖掘能力的复合型人才，又缺乏真正懂得目标市场、能够洞悉当地用户需求、了解当地消费文化且认同中国制造能力的本地化数字人才。同时，受限于实力和地域，中小外贸企业很难与大企业抢夺数字人才。

2. 跨境电商发展趋势

（1）跨境电商数字化服务市场潜力巨大

近年来，以云计算、大数据、人工智能、区块链为代表的数字技术快速发展，推动跨境电商快速迭代创新，还催生了跨境电商服务新领域，如跨境支付服务、海外仓服务、语言服务、数据服务等。根据《中国对外贸易形势报告（2020 年春季）》，2019 年，中国有进出口实绩的外贸企业 49.9 万家,[①] 其中民营企业 40.6 万家,

---

① 商务部综合司、国际贸易经济合作研究院：《中国对外贸易形势报告（2020年春季）》，2020 年 6 月 15 日，第 4 页。

连续 5 年保持最大出口主体地位。而在民营企业中，绝大多数都是中小企业。基于传统经营模式的中小企业，整体数字化程度低，缺乏独立转型的能力，这也将为跨境电商数字化服务市场提供极大的升级空间。

（2）跨境电商品牌出海迎来重要新机遇

从国际层面来看，受新冠肺炎疫情影响，海外很多国家和地区会迅速进入消费分级阶段，不同的消费群体对于新产品、新品牌、新供给的需求将有一个井喷式增长。同时，疫情也加速了国际市场在线消费方式的形成，为中国跨境电商出口提供了较为充足的空间。从国内层面看，一方面，中国疫情防控成效卓著，国内复工复产较早，中国供给在全球范围内的结构性地位得到进一步加强；另一方面，随着近年来跨境电商出口的同质化竞争加剧，越来越多的企业意识到品牌化将成为未来企业竞争的核心，因而不断加大产品创新和研发力度，跨境电商品牌出海将迎来重要的窗口期。

（3）C2M 模式引领未来数字化升级方向

作为贸易数字化的新动能，跨境电商帮助更多中小企业积累全球市场消费端数据，并将其与生产端的研发、设计、制造、管理、生产等环节相结合，实现生产端的精准分析和快速响应，构建以C2M 为主体的智能制造模式。这种基于数据和智能的制造优势，能为中国制造业转型升级提供关键动力，帮助中国制造在国际市场中形成稳定的竞争力。

3. 跨境电商发展建议

（1）强化协同合作，构建创新融合发展环境

跨境电商是基于互联网的新型贸易方式，将为传统贸易数字化转型提供基础支撑。政府应加大统筹推进力度，推动各方合作，以"数据、连接、协同"为关键点，构建"融合共生"的创新发展环境。支持平台更好地发挥作用，针对传统外贸企业数字化转型面临的共性问题，开发并提供普惠性的数字化转型产品和服务，从整体上降低中小外贸企业数字化转型的成本，激发其转型意愿，提升转型效率，将跨境电商打造为我国贸易数字化和制造业转型升级的新引擎。

（2）为中国品牌加速出海赋能

互联网改变了传统贸易的方式，也颠覆了品牌的创建和运营路径，跨境电商已成为驱动企业快速孵化品牌、扩大品牌认知度、加快品牌国际化的重要渠道之一。引导企业进一步提高跨境电商在品牌建设方面的重要性认知，通过数字化贸易平台或 DTC（Direct - to - Consumers，直达消费者）模式，建立起与国际消费者的沟通、互动渠道，以精细化、垂直化、细分化为导向，提高品牌运营管理能力，优化海外消费者的购买体验，逐步在全球市场构筑品牌力。

（3）产业价值创造突出终端消费者需求导向

在传统贸易中，供应端与消费端难以进行直接沟通，导致终端消费者难以直接参与价值创造。数字贸易时代，企业通过数字化的跨境电商平台可以精准把握消费者需求、提前收集订单，基于产品

使用评价、消费者偏好、流行趋势判断等多维度数据为消费者提供多元化、个性化的服务，这为企业增强用户黏性、提升品牌价值带来难得的机遇。对于企业而言，其价值发现应定位在对终端消费者需求的响应能力上，精细化管理客户体验，从设计、生产到营销各环节均能高效、快速地落实消费者的反馈。

第五章
案例篇

一 流通领域各行业优秀企业数字化创新案例

（一）超市

1. 物美

物美集团是国内零售龙头企业之一，拥有 1800 多家门店，主营超市、百货、家电、家居建材零售等多个版块的业务，旗下有麦德龙（中国）、美廉美、乐天（华北区）、百安居（中国）、新华百货、重庆百货等多个知名品牌。近年来，物美通过培育多点Dmall 全渠道零售平台，持续推进传统实体零售企业数字化转型，解决物流效率、货物管理、成本控制等一系列零售业痛点和难题。2019 年，物美位列中国连锁百强第十二，超市百强第七。2020 年，物美集团年收入超过 1000 亿元。

（1）主要做法

"用信息化、数字化技术解决零售痛点"是物美长期秉持的经营理念。一是告别手工记账。1994 年，物美在北京率先启用超市

POS 系统，告别了手工记账的物美超市第一年单店流水就超过 1 亿元，创造了当时零售业的"奇迹"。二是上线电子价签。2014 年，物美开始上线电子价签系统，满足生鲜商品需要频繁变价的需求，提高运营效率。三是推动线上线下一体化。2015 年，物美开始多点项目，启动门店与线上多点商城同步运营，探索"物美＋多点"的线上线下一体化模式，部分门店上线电子价签打通商品和库存系统，实现线上线下价格同步更新。四是拓展服务场景，扩大数字化应用。2017 年，物美增设店前置仓，减少拣货时间，增加到家场景；推出扫码自由购、自助购等数字化应用，通过手机、自助机等方式结账，减少消费者等待时间，减少排队拥堵，提高消费者体验。五是建设全渠道数字零售平台。2020 年，"物美＋多点"全渠道零售新模式更加成熟，多点数字零售操作系统 Dmall OS 和 MiniOS 在物美所有超市及便利店完成系统切换，包括任务管理系统、门店操作系统、员工在线系统、会员任务系统、精准营销系统、采销系统、商品分析系统、预付卡系统等，涉及零售各个环节，实现了线上线下一体化、全场景覆盖和全链条联通。六是启动"零售联合云"战略。以 Dmall OS 和 MiniOS 等为基础，叠加到家、广告营销等增值服务，与实体零售企业开放合作，推动零售全面数字化转型升级。

（2）案例分析

建立在全面数字化基础上的线上线下相互赋能是"物美＋多点"模式快速健康发展的主要驱动力。一方面，通过深度合作与赋能，多点可以帮助物美实现用户、商品、供应链、营销、运营、支付等全方位的数字化，优化流程，降低成本，提高效率，最终提升用户体验。2020 年，物美年活跃会员超 2000 万[1]，物美集团手机应用（App）销售占比达 85%。另一方面，物美基于线下丰富的商超经验和现场即时的用户反馈，帮助多点实现数字零售操作系统的不断迭代优化，加快从"物美＋多点"到"多点＋实体零售"的发展进程。截至 2021 年 2 月底，多点已与 120 多家连锁零售商达成合作，会员数突破 1.9 亿，月度活跃用户数达 2300 万[2]。

（3）案例启示

我国流通产业的数字化离不开星罗棋布的实体零售门店的数字化，实体零售店既可以满足用户的即时性消费需求，又是数字化供应链的前置节点，还是集聚餐饮、洗衣、理发、维修等小微商户的核心场所，在方便生活、扩大就业等方面具有不可替代的作用。多点不是物美自有的电商平台，具有很强的包容性、开放性和适应性。未来，由"物美＋多点"模式衍生出的"多点＋实体零售"模式将在我国实体零售数字化升级进程中发挥更为重要的作用。

2. 永辉超市

永辉超市成立于 2001 年，是福建省在推动传统农贸市场向

---

[1] 刘佳：《第三届北京消费品博览会暨数字零售峰会在北京召开》，百家号网，https：//baijiahao. baidu. com/s? id ＝ 1681966661171683688&wfr ＝ spider&for ＝ pc，2020 年 10 月 30 日。

[2] 《多点 Dmall 荣获"2020 年度中国零售优秀服务商"》，中国日报网，http：//caijing. chinadaily. com. cn/a/202104/09/WS606febe5a3101e7ce97485df. html，2021 年 4 月 9 日。

现代流通方式转变过程中培育起来的民营股份制大型企业集团。经历 20 年转型发展，永辉依托数据赋能，逐步实现全数字化、数据智能、智慧赋能三个方面的积累，打通了生态链条中每一个环节。

（1）主要做法

联合外部资源，构建全渠道运营模式。在数字化转型风口尚未完全开启的 2015 年，永辉已经开始试水新型零售业态，通过全球供应链结合智慧科技，打造"永辉生活"新零售商业模式。2017年底，永辉在引入腾讯战略投资后，逐渐步入数字化转型发展快车道。永辉生活将腾讯智慧零售应用到永辉各环节，多措并举，吸引用户注册，扩大用户规模，促进转化；依托线上价格优势，实现线下向线上引流；在门店设置微信小程序、扫码购标识，实现线上线下流量互通，拉动到家业务线上订单量。

提升物流保障能力，满足用户购物需求。通过贴近用户的卫星仓、永辉生活小程序/App 线上服务平台、专业贴心的服务团队，永辉为周边 3 公里用户提供品质生鲜、全球好货 30 分钟配送到家体验，满足用户新鲜、便捷的生活购物需求。

（2）案例分析

一是数字赋能，销售规模稳步扩大。永辉依托腾讯的数据沉淀与算法算力，在业务规模与经营效率方面实现进一步的跃迁。2020年，永辉超市实现营业收入 931.99 亿元，线上销售额（含到家与其他收入）实现了百亿规模新突破，达 104.5 亿元，同比增长198%，占主营收入比重提升至 10%。二是数据驱动，打造全链路数字化。永辉与腾讯云合作，通过全链路数字化部署，聚焦"到家＋到店"业务协同发展，线下建设数字化门店，线上持续优化永辉生活 App，将数字技术应用于消费场景、供应链以及服务等各个环节。三是依托数字化提升用户体验，增加用户黏性。永辉通过云化、智能等技术手段打造门店数字化，同步迭代永辉生活 App 个性推荐、智能搜索，夯实物流配送基础，大幅提升了门店管理效率及用户购物体验。

（3）案例启示

永辉数字化道路围绕两个关键词：消费者、效率。如何更好地解决消费痛点，满足消费者需求，这是零售业数字化的出发点。过去要了解消费者需求，大多依靠人工、问卷和各种反馈等，效率较为低下。而在数据化时代，永辉与腾讯强强联合，快速获取海量数据，对于消费者有了更广泛、更深层次的了解，甚至通过数据，可以挖掘许多消费者自身也没有感受到的点，从而引领、引导消费新模式的出现。

持续提升经营效率，是数字化转型核心之一。以永辉超市为代表的商超，依托大数据、数字化大幅度提升了其门店、商品、运营、营销等多版块的效率与质量，从而更高效地为消费者服务。

3. 超市发

超市发是成立于 1956 年的国有企业，从计划经济阶段到改革开放后的市场经济阶段，再到现在的"个性化消费时代"，每个阶段都顺应了市场的变化、消费习惯的变化。在数字经济大潮中，超市发以消费者数字化为核心，并将数字化拓展到运营、营销、商品等方面，形成线上线下全流程闭环。

（1）主要做法

一是依托数字化洞察消费者。超市发通过人脸识别、人脸领券、最终支付消费等形成用户画像；通过数字化智能引流分流、程序化推送、趣味互动延长消费者的留店时间，捕捉线上线下各个触点的真实 ROI（投资回报率），进一步把消费者行为轨迹数字化，实现对线上线下客流量全面对接融合，通过人货场大数据分析系统，对消费群体属性、消费偏好进行分析。二是利用数字化技术实现精准营销。在消费升级背景下，超市发围绕自身定位进行变革，积极拥抱新技术，优化卖场服务，通过打造千店千面的个性化店铺和开启线上销售，满足不同商圈顾客的需求。通过上线电子价签、营销屏、端架互动屏，实现端架商品的精准营销。三是完善全渠道销售体系。通过设置自助收银区，增加生鲜自动称重台、刷脸存包柜等设备，迎合不断变化的市场需求；通过上线"超市发鲜到家"微店、开启直播带货活动，拉动线上销售，2020 年上半年，超市发线上直播平均一场销售额达到 6 万 ~ 7 万元。

（2）案例分析

超市发数字化目的是识别消费者，再做消费者转化，基于这个基础，超市发和消费者建立起沟通路径，围绕消费者数字化，实现商品数字化、营销数字化和运营数字化统一，从数字化角度解决各个层面问题（见图 5 - 1）。

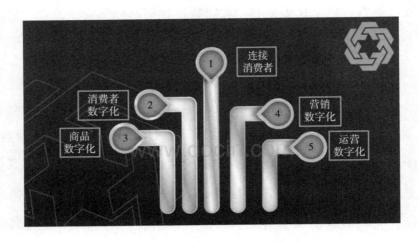

图 5 - 1　超市发数字化示意

资料来源：超市发。

一是精准营销，增加用户黏性。通过对消费者数字化分析，超
市发实现精准营销、精益运营，做到定时定点定屏定人内容推送，
秒级更新。超市发用数字化推进消费者连接、会员服务，已实现微
信公众号粉丝达 70 余万，月活跃电子会员超过 7 万，复购率
达 26%①。

二是开辟线上渠道。新冠肺炎疫情倒逼超市发等传统商超加快
数字化转型，营销模式也借此发生变化，从管理和营销角度看，线
上渠道重要性开始凸显。疫情期间，随着线下门店客流量的减少，
超市发大力开展线上业务，通过小程序网上订货以及顾客朋友圈微
信订货等方式，保证消费者多渠道、无接触购物，同时确保了超市

---

①　零售商业财经：《2020 超市数字化实践案例盘点（下）》，网易网，https：//
www. 163. com/dy/article/G3JHJQ2E0539TJKS. html，2021 年 2 月 24 日。

运行安全有序。

三是整体实力稳中趋升。中国连锁百强调查结果显示，2020 年，零售业遭遇了自 1997 年协会有统计以来百强整体销售首次负增长。超市发多措并举，实现逆势增长。2020 年，超市发销售额为 57.4 亿元，同比增长 9.8%；门店达 176 个，增长 8%；线上注册会员增加 30%；中国连锁百强排名上升 13 位，至 72 名。

（3）案例启示

超市零售核心是消费者，消费者数据是所有营销的基础，消费者数据化本质是找到不同用户诉求，了解消费者行为特征，绘制消费者画像，实施精准营销。以数据驱动经营，提升消费者购买率，复购成为利润增长核心。

在建立消费者数据化的基础上，构建线上线下一体数字化商超是必然趋势，是数字化的最终结果，通过互联网把整个流程优化，让效率更高，将消费者、运营、营销、商品一体化，形成生态闭环，将是超市生存的法则。

（二）百货

1. 银泰百货

（1）主要做法

一是自建 App，建立数字化会员体系。银泰百货通过打造喵街 App，辅助线下到店消费，使消费者在到店进行消费决策前获知部分信息，如商场品牌分布、各品牌优惠力度、停车位情况等。二是利用数字化手段打造百货专属物流体系。银泰百货在菜鸟仓配物流基础上对仓库做了数字化改造，利用大数据精选门店 TOP 级品牌入仓，打印订单、分拣、验货、打包、发货全部在银泰门店数字仓完成。打造适用于百货行业的仓储物流体系。三是推动消费场景的销售模式创新。2020 年，银泰百货与淘宝、天猫联合推出"淘柜姐"，即培养柜姐在淘宝平台线上直播卖货，银泰直播用户最多的 20 座城市分布已经超出了银泰的线下大本营区域。在上海、广州、重庆等未进驻银泰百货实体店的城市，也吸引了相当一部分直播用户。

（2）案例分析

银泰百货依托数字化这一"基础设施"，从"人、货、场"三个方面入手进行数字化转型升级。这些举措为消费者购物决策提供全面支持，扩大线上下单购物场景，利用数字化手段做大数据分析提升服务品质，最终，完成对整个商业场景的数字化重构，取得了显著成效。

一是提升了成交订单数量。App 在提供便利的基础上扩大了线上消费习惯人群，实现了"在线逛街""在线下单"的购物场景；基于喵街 App 端，实现跨品类、业态、时间和空间进行"人""货"匹配，从过去的"人"找"货"变成现在的"货"找"人"，使得"物以类聚"的生意模式变成"人以群分"的生意模式。二是扩大了客流覆盖范围。2020 年，喵街 App"定时达"订单量是上年同期的 5 倍，订单占比已经超过四成。在晚上 11 点至凌晨 2 点期间，每过 1 小时，客单价提高 1000 元。2020

年暑期订单是上年同期的 3 倍。此举大大提升商场客流量，线下的顾客消费后关注线上从而促进线上消费，线上的顾客关注线上动态到店试用下单，形成线上线下相互促进的良好局面。三是提升了配送效率。目前在全国 26 个城市，消费者只需要通过喵街App 下单，即可实现门店 5 公里范围最快 1 小时定时达。截至2020 年 10 月下旬，银泰百货全国八成门店接入"定时达"，最快能实现 1 小时送达。这一举措令消费体验大大提升，"定时达"订单量是去年同期的 5 倍。四是提高了员工收入。通过直播和短视频的方式把银泰导购的专业能力沉淀下来，把他们送到更广阔的场景中去，满足更多的顾客需求。直播是在技术变革和需求变革共同驱动下，线下零售商家触达消费者的一种最新的渠道和内容形式，实现了对营销、销售等零售业活动要素的改变。得益于各方面综合的数字化转型，2020 年，近三成导购平均年薪达到了20 万元，收入最高的导购年薪超过了 50 万元。

（3）案例启示

银泰百货通过打造自有喵街 App、与淘宝联手进行直播两种线上方式，在传统百货线下获客的单一方式的基础上，扩展线上业务范围，扩大客流覆盖范围，大幅提升客流量，形成线上线下良好互动，大大增加销售成交可能性。值得一提的是，银泰注重人才培养，以直播为契机，为人才提供展示平台，发挥个人专业能力。在线下百货店里，导购一次只能服务一位客人，在线上直播，导购可一次服务多位客人，一次服务成交多单，提升服务效率的同时提高个人收入。2020 年，银泰百货收入最高的导购年薪超过了 50 万元，这在百货行业是较为少有的，为百货业人才培养提供了一个参考方向。与此同时，银泰与菜鸟仓储联合打造适合百货业的仓储物流体系，大幅提升配送效率，为前端销售打下坚实基础，提升顾客购物体验。

2. 欧亚集团

（1）主要做法

一是打造小程序，建立以消费者为中心的数字化运营系统。欧亚集团打造"欧亚集团小程序"，建立起以消费者为中心的数字化运营系统，其已成为公司精准营销的数字化工具、门店运营的助手和消费者在线服务的平台。二是开发供应链系统平台"欧亚零供宝"。供应链管理平台上线后，系统将所有门店经营数据都放在互联网平台上，供应商根据授权查看其在欧亚集团各门店经营数据及结算数据，实现了数据在线及自动对账，供应商依据电子结算单开具发票，欧亚集团结算会计复核发票后即可实现网上付款，避免了烦琐原始的人工核对及差错等问题。三是依托自有大数据中心，建立集团统一的数据决策分析平台。欧亚集团斥资建立自己的大数据中心及基于云的计算平台，全面升级 ERP 系统、CRM 系统、数据分析系统等核心管理系统。打造欧亚后台管理系统，并以此为支撑，建立欧亚管家平台，同时与财务系统 NC、办公自动化系统 OA、业务系统 ERP、会员系统 CRM、集团财资管理平台 CBS 全面打通。还建立集团统一的数据决策分析平台，实现品类、品牌、商品、会员、客流、楼层的全方位全维度的数据挖掘。

（2）案例分析

欧亚集团以新一代互联网、物联网为依托，运用大数据、AI等前沿科技手段，对商品的销售、流通、分析管理、基础数据整合等业务进行系统性改造，从前台、中台、后台三个维度运用科技赋能手段支撑企业发展。一是提升了营销精准度，增加会员黏性。随着商业环境的变革，实体门店与消费者的关系在发生改变，从以往的单向宣导和单向引领转变为双向互动和互利互为的关系。通过小程序进行有效触达和互动，基于大数据分析，可对会员消费能力、消费喜好等方面进行精准画像，从而推送精准营销信息，提升会员黏性。二是提高了工作效率和管理水平。随着集团的经营体量规模不断壮大，广大供应商与集团的良好合作，构筑了企业占领市场的牢固基石。因此，打造供应链系统平台，有效提升了工作效率，改善了零供关系，并使企业信息流、资金流管理趋向自动化，提高了工作效率和管理水平。三是数字化程度大幅加深。目前，欧亚集团的大数据平台可为经营管理者提供决策依据，并将所有的关键考核指标实现数字化，使管理者能及时掌握"人、货、场"的经营状态并及时实现动态的管理。同时，欧亚集团实现了移动化管理，通过手机 App 及微信平台查看各类数据报表，真正做到数据在线、人员在线和管理在线，为企业决策、运营提供强有力的支撑。

（3）案例启示

欧亚集团通过以数字化深入前台、中台、后台三个环节的手段，在数字化转型中取得亮眼成绩。其原因首先在于欧亚集团对于数字化变革的高度重视，科技赋能消费者服务、门店运营、供应商、仓储、管理决策等各个环节。在数字化转型的大趋势下，数字化深度尤为重要，数字化越是深入各个环节，越有利于大数据平台进行综合分析与优化，从而越有助于高效辅助企业决策与运营。

3. 天虹商场

（1）主要做法

一是与企业微信合作，打造生态私域流量。生态私域流量实现与品牌商共享私域流量，技术上通过一码双会员，实现会员共享，品牌商可以看到导购加了多少会员、跟顾客有哪些互动以及达成了多少转化，可以实现系统化的运营。品牌导购用的是企业微信账号，有官方的背书，即便导购离职，可以由新来的导购承接，顾客关系仍然保留，可继承不会流失。二是打造顾客标签体系，完善顾客画像。天虹打造1000个标签体系，以体系定位人群，从简单的性别、年龄标签扩大到顾客选购商品频率、偏好等内容，在做营销宣传时，提取消费者的属性以及标签，精准选择，精准推送，实现定向触达目标客户人群，并跟顾客进行互动，进一步完善顾客画像。截至2020年第三季度，天虹积累了2900万的数字化会员。三是依托顾客高度数字化基础，实现智慧服务。通过数字化升级，天虹实现了售前、售中、售后服务质量更上一层楼。比如智慧停车，顾客一停车，就会收到收集端推送的优惠信息，使其更快速买到商品；比如智慧推送，顾客进店直接连接到VIP的信息，根据顾客的消费习惯和后台的标签，这个顾客走进商场的时候，天虹会通过后台为其推送比较偏好品类的优惠券；比如人脸识别，部分门店在试点人脸识别，大客户识别后推送停车免费券、餐饮优惠券等；比如数字化大屏，天虹会把前一天销量前十名的商品显示出来，顾客可以根据该信息选择商品。对于售中环节，天虹在研发数字化货架，这个货架是一个触摸屏，比如说，一拿出红酒上面会显示红酒的产地、适合跟什么食品搭配、价格等信息，帮助顾客更好了解商品。四是打造企业数字化平台。天虹商品的引进—销售—库存管理一系列流程，已经全面实现数字化。天虹的商品引入流程就实现了数字化，通过企业数字化平台，供应商就可以完成合作流程，省掉中间烦琐的操作，提高供应商品效率。

（2）案例分析

通过数字化深入顾客、商品、服务三个层面，天虹商场在数字化转型过程中展示了有力的实践能力，实现了数字化、体验式、供应链三大业务战略目标。一是扩大并稳固了线上客流。天虹与品牌商实现数据和会员的共享，帮助品牌建立真正的生态化私域流量，共同做好经营。2020 年 10 月，整体数字化会员人数超 2900 万，数字化会员销售占比达 73.6%。[①] 二是提高了营销精准度。越是细致精准的顾客画像，越能达成精准推送，促成线上成交。2019 年，天虹商场线上销售额增长 42%。三是提升了顾客到店体验。智慧、舒适的到店体验，是百货行业服务的重要组成部分，天虹商场基于

---

① 《天虹 App 五周年：数字化会员数突破 2900 万》，联商网，http：//www.linkshop. com. cn/web/archives/2020/457099. shtml，2020 年 10 月 27 日。

对顾客画像的深度分析，做出各种数字化服务尝试，大大提升顾客到店体验，增加了顾客黏性。四是"到店＋到家"提高了顾客对商场忠实度。到店的优质体验会触发顾客在不方便到店时到家购物的需求，"到店＋到家"的双重购物方式，大大增加了顾客对于商场的优质体验感。2019年，超市"天虹到家"销售额同比增长43%[①]，销售额占比达10%。疫情期间，天虹推出了无接触配送服务，在全国共设置了2500多个自提点。2020年第一季度，线上业务销售额同比增长116%，"天虹到家"销售额占比达17%，销售额环比增长103%，订单量环比增长64%。近5200万人次通过天虹App及天虹小程序获取信息或消费。

（3）案例启示

天虹商场在数字化转型中，始终将顾客放在中心，围绕数字化、体验式、供应链三大业务战略，大力发展线上线下一体化的智慧零售商业模式。天虹商场对于智慧服务部分的各种尝试值得研究与学习。一家商场的发展，不仅仅在于精准营销、销量提升，客户对于商场购物的体验舒适度、对于商场品牌的黏性也是很重要的一部分。智慧服务的各项尝试为百货业数字化转型提供了一个思路，数字化不仅仅要辅助百货业获取更多流量，同时也要思考如何留住这些流量。

---

① 每日经济新闻：《专访天虹超市事业部总经理王涛：从"商场"改名"数科"，疫情让老牌百货坚定数字化转型》，百家号网，https：//baijiahao.baidu.com/s？id＝1671109995929691202&wfr＝spider&for＝pc，2020年7月2日。

（三）便利店

1. 便利蜂

（1）主要做法

一是打造基于云端的智能分析决策系统。通过包括生产、物流、门店和消费者在内的全链路数字化，便利蜂实现对所有门店直营管理，最大限度地降低在日常经营决策中的不确定因素，成功打造成为数字化转型科技零售企业，以带动和示范中国零售和便利店行业转型。二是研发推广"AI 安心码"。为了保障食品安全、实现商品溯源和解决便利店食品保质期短等行业难题，便利蜂积极发挥中台的 AI 技术优势，研发并推广普及"AI 安心码"，主要创新了商品二维码在食品安全领域的应用，其核心包括产品生产日期及时间、产品有效日期及时间、系列号（序列号/Unit 唯一 ID）、全球贸易项目代码以及批号（生产批次码）五大要素，并实现一物一码，成功解决门店短保食品过期销售的问题，同时实现产品溯源，便于追溯存在食品安全问题的商品。三是开发智能自主服务设备。通过技术研发和创新，便利蜂研发并投入使用蜂小柜、自助咖啡机以及共享雨伞等自助服务设备，简化购物环节，提升消费者的参与感。

（2）案例分析

便利蜂自身携带的数字化基因为便利蜂的发展带来了许多便利。一是提高管理效力。渗透进各个环节的全链路数字化运营、研发和创新，有助于便利蜂门店的各项管理大幅提升效力。截至目前，便利蜂已实现订单数量 4300 多万个，商品数量达 7000 万，服务顾客数量达 550 多万人次。二是保障食品安全追溯。保障食品安全与维护消费者权益是便利蜂的核心工作之一，便利店里的食品涉及鲜食、奶制品、加工食品等，有效安全的数字化可追溯手段就显得尤为重要。目前便利蜂通过数字化手段，使库存批次准确率达 95.2%，拦截过期食材率达 100%。三是利用智能设备提升购物体验。在保障管理效力和食品安全的基础上，便利蜂在智能服务方面做了诸多尝试，如共享雨伞、自助咖啡机、蜂小柜等，这一次次的尝试，在为顾客带来新鲜感的同时，也提升了便利程度，增加了客户到店次数，提升了顾客购物欲望。

（3）案例启示

便利蜂是便利店行业内为数不多的全链路数字化发展企业，其发展、壮大的过程本身，就是对便利店数字化的一种尝试，也是对便利店行业的一种启示。究竟是全数字化发展的企业更有优势，还是人工与数字化相结合的模式更为可行，这是值得行业探讨与思考的问题。

2. 中石化易捷

（1）主要做法

一是推出社交电商"易捷赚客"。2019 年初，中石化旗下唯一跨境电商平台"易捷海购"正式推出社交电商项目"易捷赚客"，采用 S2B2C 模式，会员层级关联，社交分享赚钱，挖掘社交流量。推广主体是中石化自有员工，数十万员工均为社交电商的第一层人脉关系网络基础。二是完善易捷 App"一键加油"和"自助扫码结账"等。"自助扫码结账"具有扫码、支付、专用通道离店功能，大大提升了购买效率。客户自助扫码结账，全流程操作不到两分钟，方便快捷。三是融合"易捷咖啡"。"易捷咖啡"采用了"外送＋到店消费"模式。"易捷咖啡"不仅支持在店消费，还支持2公里内配送。四是打造智慧门店。中石化易捷与京东合作，在天津个别门店试点打造智慧无人便利店，消费者自助购物、自助结账。考虑到店面空间及容纳商品有限，点击商品并扫码可接入京东商城，在线选购商品，由京东提供送货到家的服务。与中国银联、银联商务公司合作，在上海外滩试点打造无感支付无人店。采用业内领先的人物及商品自动识别、无感支付技术，可秒速精准识别顾客生物特征、购物动作、购物路径，实现全过程的个人消费数字可视化。

（2）案例分析

中石化易捷自成立起，从自有品牌孵化、全国集采、区域直采、电子商务、跨界合作，到社交电商、O2O、无人便利店，紧跟产业变革，获得诸多成效。一是直接提升了社交流量转化率。中石化易捷以数十万员工作为社交电商第一层人脉关系网络开发的"易捷赚客"是现阶段社交流量转化的创新尝试。目前，百货业、便利店业等行业都在竭尽所能获取社交流量，但在社交流量转化这一块尝试较少。易捷依托其超大量级的支持，开展此项业务，在社交流量转化这一模块做出探索。二是提升了购物效率。中石化易捷做出"一键加油""自助扫码结账""无感支付"等尝试，其作用均在于提升购物效率、减少等候时间、优化顾客购物体验、提升便利度、增加顾客到店次数。三是提高数字化数据获取准确度。中石化易捷与京东、中国银联、银联商务公司合作打造的智慧无人便利店，实现全过程的个人消费数字可视化，此举大幅提升了便利店数字化获取数据的精准程度，通过技术识别，抓取顾客到店的喜好、停留时间、到店时间等，其数据详细、精准程度远远大于小程序及 App 顾客自填信息，为企业综合决策提供更翔实的信息。

（3）案例启示

中石化易捷在社交流量转化、无人便利店两方面做出的尝试，为行业发展大潮激起浪花。在各行各业竭尽所能获取社交流量的时候，相应的社交流量转化方式就变成值得探讨的课题，中石化易捷通过其庞大的员工体量做出初步尝试，其做法是否值得推广有待探讨，但其尝试本身为社交流量转化提供了一种思路，应引起各行各业的重视。无人便利店及无感支付店铺自带数字化基因，顾客到店时间、表情等均被纳入数字化体系中，其数据收集的翔实程度，为业界带来一个新的思考角度。数字化发展中，数据的获取量级是一个考核层面，但数据的真实、翔实、丰富程度也同样值得重视。

3. 广东天福

（1）主要做法

一是基础要素升级改造。新建物流中心提高了机械化、半自动化程度，在降低差错率、损耗等方面均有很大提升。重点布局广州、佛山、粤西地区。通过竞标得到长沙地铁沿线便利店的独家经营资源，开始以地铁沿线为切入点进入长沙市场。二是会员数字化发展。天福数字化的尝试主要涉及小 B 端和 C 端服务。商品管理方面，天福通过与第三方合作的信息系统，帮助小 B 端实现高效自动补货、商品异常提醒、挖掘畅销产品等；会员管理方面，通过数据挖掘、画像建模，更精准满足顾客个性化需求，服务好 C 端。此外，大力开发自有品牌，为门店带来更高的毛利和更多的客流，实现单店的增收。三是打造社区团购合作模式。天福便利店与京东友家铺子进行合作，推出社区团购合作模式，结合双方优势，整合线上线下全渠道资源，为社区居民提供服务。用户可通过京东友家铺子小程序购买商品，次日直接到天福便利店自提。

（2）案例分析

天福便利店依托珠三角独特的经济市场环境稳健地进行经营积累，不断对自身商品采购、配货、物流、信息系统等硬件设施，以及人才团队、品牌形象积累等基础要素升级改造。其改造过程虽不易，但有所收获。一是提升了店铺坪效。天福与京东友家铺子的社区拼团合作，这一举措大幅提升了门店坪效，既发挥了天福实体门店多、贴近消费者的优势，也发挥了京东供应链、技术等的优势，解决了天福部分门店小、经营品种少的痛点。二是提高了店铺管理效率。在开发自有品牌的同时，积极尝试服务于小 B 端和 C 端业务，使自己所处的整个供应链良性循环并不断发展壮大。店铺管理效率的提升是店铺数量不断增加、企业不断扩张的基础，此举对天福的发展起到关键作用。

（3）案例启示

广东天福便利店的数字化转型，对于深耕区域城市多年，想要在此基础上发展壮大的便利店具有具体参考价值。数字化转型的方式除了加大企业投入，进行各个环节的数字化改造之外，引入第三方机构，辅助完成数字化转型，磨合、打造出适合自身发展的数字化转型方案，也是一个具有现实参考意义的方向。

（四）新零售

1. 苏宁

（1）主要做法

苏宁易购成立于1990年，经过30多年积极转型，在零售业线上线下融合、全渠道、全品类发展方面走在前列。目前，其店面覆盖海内外600多个城市，线下互联网门店类型达10余种，数量达1万家左右，线上涵盖内外多种平台，线上销售规模占比接近七成。苏宁数字化转型发展经历大约10年，可分为三个阶段。

第一阶段：数字化探索期（2009～2012年）提出发展思路，建立网上商城。

苏宁于2009年开始建设苏宁易购线上平台，引进IBM WCS电子商务套件，门店销售系统引入POS机，2012年提出要做中国的"沃尔玛＋亚马逊"，注重线上平台和实体零售融合发展战略。同时，加强管理和服务端数字化应用，包括优化ERP企业管理系统，通过系统整合供应链资源，建立行业内首个以呼叫中心为平台、以CRM为管理目标的客户服务体系。

第二阶段：数字化成长期（2013～2016年）提出发展规划，落实发展战略，实施线上线下融合发展。

2013年苏宁进行重大组织结构调整，组建自己的技术团队，苏宁电器更名为"苏宁云商",提出"一体两翼三云四端"发展规划和思路,开始实施线上线下融合发展模式战略。一是推进线上PC端、移动端、TV端与线下POS端"四端融合"。二是推动线下门店互联网化。2015年实施"云店"计划,对线下门店进行数字化改造。提供沉浸式体验功能,突破实体店商品展示陈列局限,将线上海外商品在实体店进行虚拟展示,模拟穿戴、情景搭配,进一步实现线上线下互联、协同。三是打通线上线下数据通道。"数据易道"通过大数据抓取苏宁云台、门店线上线下营销数据,实现线上线下数据融合,通过数据分析、问题诊断、营销策划等服务,为自营品牌、商户、品牌商经营提供科学合理策略。四是加强物流数字化建设。在自建物流资产、收购天天快递等外部物流资源基础上,2015年苏宁搭建物流信息服务平台,利用大数据处理能力,构建智能物流体系,连接苏宁上下游供需双方;将物流配送体系对接阿里菜鸟网络,进一步加强线下物流数字化建设;实现全自动拣货分货。五是探索金融服务数字化。苏宁通过易付宝打通线上线下金融服务,为上游供应商提供融资服务,为下游消费者提供消费信贷服务。与阿里支付宝合作,实现两个金融系统融合。

第三阶段:数字化成熟期(2017年至今)向全渠道、全场景的智慧零售模式转型。

2017年苏宁提出"智慧零售"大开发战略,深入发展线上线下融合模式,通过数字化驱动,形成线下多业态多场景互联网化、线上多平台、会员全贯通的全渠道、全场景、全客群智慧零售生态圈建设。一是线下门店数字化转型。一方面是以苏宁小店、苏宁零售云、超市等为代表的"两大两小多专"智慧零售互联网门店，覆盖消费者各种购物场景，形成"门店＋线上＋社交"全场景覆盖；另一方面是以苏宁无人店为代表的新科技门店。二是线上多平台有机融合。一方面，苏宁易购加大平台对外开放力度，提高非自营比例；另一方面，紧抓社交平台低成本、高增量客流优势，创立苏宁拼购、苏宁推客、苏小团等社交电商模式，助力线上平台发展。三是智慧化物流建设。形成了高密度存储、无人拣选、高速分拨等云仓仓配系统，开通了无人机镇到村配送航线。

苏宁零售云，主要针对二、三线县域乡镇市场，以加盟形式发展，对其进行统一数字化改造，苏宁为门店提供零售云商城、POS机等信息工具，2~3人即可进行苏宁易购上千万商品销售和管理；开通"预售—自提""今天订—明天提"的"苏宁菜场"功能；建立3公里以内1小时配送网络；店主和消费者通过App可获得3%~10%的推广佣金和5%的自提佣金。苏宁小店，定位社区、CBD、交通站点等场景，通过大数据对客户进行画像，为消费者提供差异化商品和服务；采用"无界化"线上线下模式，拥有到店购买、App下单门店自提或送货上门等几种消费方式，打通到家"最后100米"。苏鲜生，2017年首次在徐州开设，定位核心商圈3公里范围内中高端社区客群，以"生鲜＋餐饮＋超市"精品店形式呈现，注重体验式消费，3公里范围内线上下单后30分钟闪送。家乐福超市，2019年苏宁收购家乐福超市后，进行全链条数字化改造，从社交互动运营、门店数字化、全品类数字化经营、供应链融合等方面进行数字化OMO融合升级，运用苏宁成熟的数字化体系挖掘数据、精准营销，与苏宁小店、苏宁物流协同发展，明显提升到家服务能力。苏宁无人店，2019年"818"期间苏宁第四代全数字化视觉无人店开业，通过运用大数据、人工智能、物联网等技术手段，实现线上线下全覆盖，无人店可精准获取商品信息，消费者在进店、逛店、离店三个环节中，全面实现数字化、智能化，商品取下自动加入虚拟购物车，离店毫秒级支付，实现"即拿即走"。

（2）案例分析

一是成熟的线下零售体系。苏宁作为拥有30多年线下大型零售经验的企业，拥有庞大的资金、丰富的供应链、齐全的商品种类、成熟的物流体系。其中苏宁物流遍布280多个地级市，快递网点达1.7万个，投送率稳定在99%。

二是大型电商合作助力。苏宁与阿里体系合作，为苏宁在线上平台、物流体系、支付领域的发展带来很大帮助。2018年苏宁易购天猫旗舰店成交总额超280亿元，2019年"618"期间实现翻番；天猫物流平台明显降低苏宁物流成本，提升效率；支付宝和易付宝合作，其高普及性和便利性为苏宁线上平台带来更多流量，进一步促进苏宁支付领域发展。

三是门店数字化成效显著。苏宁收购家乐福后不到4个月，家乐福实现扭亏为盈，结束7年来亏损状况，2020年6月底，到家业务用户量同比增长近6倍，充分利用苏宁推客等社交营销工具，2020年前三季度苏宁推客带来的订单量同比增长174.5%。苏宁零售云县镇店改造后平均毛利率超过17%，单店平均月收入达30万元以上，资金周转率提升 5 ~ 6 倍，整体坪效增加 2 倍，订单量提升 4 倍。苏宁无人店同等人力下，实现 24 小时经营，通过多种 AI 算法智能运营，经营管理效率提升 70%。

四是注重研发和人才。苏宁在国内、美国均设有 IT 研发团队，2019 年苏宁研发费用达 32.7 亿元，同比增长 44.5%；2020 年苏宁新增科技、物流等领域基础设施投入超过 400 亿元；拥有研发人员近 2 万人。

（3）案例启示

苏宁是传统零售企业线上线下融合发展的经典范例，为零售业转型带来重要启示。一是具备战略眼光，紧跟科技、消费产业链变革，及时转变经营模式，顺应发展趋势。二是注重研发投入，人才引进，充分利用科技提高经营效率，挖掘消费数据，提供精准服务。三是加强合作，充分发挥自身优势，寻找与大型企业合作点，补齐转型短板。

2. 盒马鲜生

（1）主要做法

盒马鲜生是阿里对线下超市完全重构的新零售业态，利用数字技术将线上线下融合，形成"超市 + 餐饮 + 外送"模式。目前在全国拥有 200 多家门店，主要分布在一、二线城市，其中近年新开的盒马 mini 店主攻一、二线城市郊镇和三、四线城市。

一是线上线下深度融合。以 App 为连接点，实现"人、货、场"数字化联通。通过绑定 App 会员支付制度，将线下门店、线上平台数据共享，统一会员、统一库存、统一价格、统一营销，实现一体化运营。线下门店侧重体验，可为消费者提供展示、互动、服务体验，融入餐饮业态，现场选购现场加工，促进线上向线下导流。

二是数据技术驱动运营模式。盒马营销图谱，利用阿里云图数据库 GDB，通过对门店、消费者、商品、需求图谱等数据分析挖掘，构建优化商品图谱，包括菜谱搭配、标品搭配等各类套餐，进一步完善推荐、导购等服务功能，提升转化率。同时，通过阿里大数据分析，销售端数据反向影响后端供应链，形成闭环运营，有效降低运营成本。

三是高效物流配送体系。盒马将物流仓储前置到门店，与门店共享库存和物流基础设施，店内部署智能物流分拣系统，分拣与打包时间控制在 10 分钟以内，线上线下均实现 3 公里内 30 分钟送达服务，提高订单配送效率。

（2）案例分析

一是运营模式新颖。盒马鲜生为国内首创"超市 + 餐饮 + 外送"模式，满足当下消费者需求，该模式可有效降低商品损耗。店仓合一的模式，实体店融合线下零售、线上仓储中心场景，商品品质、服务消费实现线上线下一致。

二是线上转化率高。盒马线下为线上提供高导流量，线上用户转化率达 35%，是传统电商的 10～15 倍，线上订单平均占比超过 50%，经营半年以上门店可达 70%。

三是新科技支撑有力。盒马背靠阿里强大的科技团队，实现全链路数据化，从智能供应、AI 算法千店千面，到门店智能管理、智能运营，通过深度的数据挖掘，构建科技零售模式。

（3）案例启示

盒马鲜生全新的商业模式为传统零售业转型提供不少启示。一是注重利用新技术提高运营效率、降低成本，实力雄厚的企业可考虑自己组建技术研发团队，不具备条件的企业可考虑通过第三方专业服务公司，实现数字化。二是注重会员数字化联通，加快 CRM 系统升级改造，扩大与支付宝、微信等移动支付机构合作，加快线下门店与 App 端联通，形成较为完备的会员数据库，更精准挖掘消费者需求，提供更优质到位的服务。三是注重线下线上有机融合，从商品、价格、服务等方面实现线上线下统一步调，线下更侧重体验式消费，促进线上转化率提高。

（五）专业市场

1. 海宁中国皮革城

浙江省海宁中国皮革城于 1994 年建成开业，是目前中国规模最大、最具影响力的皮革专业市场，也是国内最早引入数字化营销体系的市场之一。近年来，在直播电商如火如荼发展之下，海宁中国皮革城通过打造电商直播基地、整合优质的供应链、建立质量管控体系、搭建行业大数据平台等，加速线上线下融合，率先开启数字化转型。

（1）主要做法

一是打造电商直播基地。海宁中国皮革城积极对接电商平台、直播平台、直播机构、MCN 机构等资源，与淘宝直播、抖音、快手等平台合作，打造电商直播基地，孵化机构主播，帮助市场商户打开更多销售渠道和通路。二是构建电商闭环。打造全品类供货平台，在做好传统核心类目——秋冬品类供货渠道的基础上，与其他产业带联合，引入全品类的服饰产品，甚至是一些跨界产品，如日化等；构建仓储物流体系，整合资源创建云仓储，线上销售商品由海宁中国皮革城统一发货；建设质量管理体系，打造全国皮草类目第一个 BIC（质检物流一体化运营中心），线上销售的每一件衣服都必须通过第三方检验，并带有溯源二维码，通过完善的品质管控体系和第三方检测措施，打造"放心消费市场"，打响"海宁品质"品牌。三是搭建大数据平台。以大数据平台重构"人、货、场"的销售体系，通过对用户采买、消费金额、喜好数据的收集，提高会员复购率。

（2）案例分析

近年来，随着电子商务的迅猛发展，海宁中国皮革城遭遇传统市场被蚕食的阵痛。2020 年，受新冠肺炎疫情影响，海宁中国皮革城遭遇订单取消、客流骤减等困境，原本人头攒动、热火朝天的市场变得门庭冷落、无人问津。当下，在直播电商时代，海宁中国皮革城通过线上线下融合转型，打了一场漂亮的翻身仗。通过打造电商直播基地、整合优质的供应链、建立质量管控体系、搭建行业大数据平台，打造一个集电商直播、电商供应链、质量检测、孵化培训、智能仓储物流于一体的电商产业基地，构建直播电商产业集群新优势，为传统商贸城探索数字化转型提供了参考路径。

（3）案例启示

随着人工智能、虚拟现实、大数据等新技术加快应用，直播电商、社交电商、线上线下融合供应链等新业态新模式不断涌现，数字经济加速发展。专业市场应顺应发展趋势把握发展契机，寻求自身与新业态新模式的结合点和着力点，创新线上消费方式，深度挖掘消费潜力，提升客户购买转化率和用户体验，实现"人、货、场"与数字化的无缝对接。

2.北京新发地农产品批发市场

北京新发地农产品批发市场（以下简称"新发地"）成立于1988年，经过32年的建设和发展，成为首都北京乃至亚洲交易规模最大的专业农产品批发市场，市场交易量、交易额已连续17年双居全国第一。

（1）主要做法

近年来，新发地顺应电子商务、数字经济发展趋势，通过积极建设线上平台，对接主流电商平台，探索数字化转型新路径。初期主要通过自建网上商城、联合主流电商平台、开发小程序或App等建立线上销售渠道，实现渠道数字化和营销数字化；新冠肺炎疫情期间，新发地积极探索供应链全流程端到端数字化转型新路径，实现农产品批发市场的数字化转型升级。一是自建三大平台，形成线上线下融合发展格局。建设"新发地农产品电子交易中心"，提供农副产品交易的整体解决方案和交易信息共享平台，拥有自己的现货挂牌系统，产品价格、成交量、有效期等数据均透明化，买家、卖家都可以随时查看。建设B2B线上交易平台"新发地生鲜网"，主要面向北京市内首都部委机关、各类高校、大中企业等餐厅食堂，产品涵盖米面粮油、禽蛋肉、副食调味等品类。建设

"新发地掌鲜"，疫情下开发的微信小程序和 App，致力于"做线上的放心菜市场，近在手边的好货天堂"。二是联合主流电商平台，打造批发零售共融共生生态。加强与京东、天猫、当当、中粮我买网等电商平台对接合作，开展网络零售业务。三是疫情下开启数字化智能化转型。联合京东打造新发地智能供应链综合管理平台，线上平台可引导人员、车辆、货物信息进行图文信息提前登记，线下在出入口布置终端设备，进行人脸识别、红外测温，采集数据同步线上，实现出入场实时查询追溯。

（2）案例分析

纵观新发地数字化转型之路，初期主要通过自建网上商城、联合主流电商平台、开发小程序或 App 等建立线上销售渠道，实现渠道数字化和营销数字化。疫情期间，针对暴露出的农副产品流通体系不成熟、食品安全溯源制度不健全等问题，新发地积极探索供应链全流程端到端数字化转型新路径，实现农产品批发市场的数字化转型升级。

（3）案例启示

受新冠肺炎疫情反弹影响，以北京新发地为首的农产品批发市场暴露出的问题成为公众关注的焦点，农产品批发市场数字化、信息化改造势在必行。农产品批发市场的升级改造将围绕生产、加工、仓储、运输、销售等各个环节，着重加强市场的数字化信息体系建设，从而提升商户交易体验和实现食品安全追溯，推动农产品批发市场标准化、绿色化、智慧化发展，实现农产品批发市场的数据全融合、管理全可视、业务全可管、交易全可控。

3. 找钢网

（1）主要做法

2012 年初成立的找钢网，定位是为提高钢铁行业效率而存在的平台。作为国内钢铁电商的头部平台，近年来找钢网精耕钢铁全产业链数字化转型，利用互联网、大数据、人工智能等先进技术，陆续推出了找钢商城、找钢云仓、胖猫物流、胖猫白条、找钢指数App、钢铁行业首款 AI 商业助手"@胖猫"、智能数钢筋等互联网大数据产品，持续为有万亿级市场规模的钢铁行业提供交易、物流、仓储加工、供应链金融、大数据和 SaaS 等全产业链服务，致力于以"科技 + 服务"赋能钢铁产业，借助数字化转型提升整个行业的效率。目前，鞍钢、首钢、中天钢铁及永钢等领先的钢铁制造企业都已实现"上云用数"，通过互联网、大数据技术，解决了交易、物流、仓储及加工服务等行业"痛点"。

（2）案例分析

作为国内率先成立的钢铁全产业链电商平台，找钢网通过数字供应链引领物资供应链、技术供应链、资金供应链、人才供应链，形成供应链协同和产业共振，打造出跨越物理边界的钢铁行业虚拟产业园和产业集群。找钢网通过打造产业服务新平台造就新生态，释放产业数字化转型增长潜力，成为产业互联网的标志性企业，为传统产业探索数字化转型树立了标杆。

（3）案例启示

在数字化转型浪潮下，专业市场不应再坐等"收租子"，而应从房东变成服务者，即从单一功能性、面向批发中间环节、依靠低小散商铺招租的模式向"多元化一站式产业服务平台"转变，从传统的交易场所和流通渠道向产业链、供应链的服务平台转变，通过不断地服务创新和资源整合，建立以专业市场为中心，连接上下游供应链的数字生态体系。

（六）餐饮外卖

1. 美团外卖

美团外卖是美团旗下的网上订餐平台，自2013年上线以来，迅速成长为我国互联网外卖平台的三大巨头之一。近年来，在消费者线上订餐习惯养成，以及配送场景和需求已延伸到鲜花、生鲜、日常生活用品等非餐品领域的大背景下，美团外卖已发展成为全时段、跨品类的消费平台，以大数据为驱动，围绕本地生活服务平台打通线上和线下，线上实现交易闭环，线下通过即时配送完成交易履约，为消费者提供从需求发起到商品验收的一站式服务。

（1）主要做法

美团外卖作为我国外卖平台企业巨头之一，全方位助力我国餐饮行业的数字化改造，由需求侧逐渐向供给侧延伸，催生了互联网餐厅、"下一代门店"等新的商业模式，促使餐饮企业降本增效、提高发展质量。美团外卖提供的服务品类涵盖范围甚广，包括美食、水果、蔬菜、鲜花等，并且美团外卖还提供送药上门、美团专送、跑腿代购等多种服务。2019年，美团宣布将助力千万商家打造"下一代门店"，把原来以堂食为主的门店通过软硬件改造和经营管理模式迭代，升级为同时具备线上线下运营能力和服务能力的门店，在这个过程中，外卖平台和服务商可以给商家提供一系列数字化助力，商家则可以抽出更多精力把餐饮经营门店做好。为了助力商家打造"下一代门店"，美团外卖发布了数字化经营、专业化生产、多样化营销和智慧化服务四大服务解决方案。2020 年，美团外卖宣布推出"餐饮新掌柜"计划，平台将通过商家服务体系、商家成长体系、人才培养体系三大服务体系，发现并培养 100 万"餐饮新掌柜"，帮助商家拥抱数字化，实现利润增长。在自身建设方面，美团外卖应用 AI 和 LBS 技术打造的外卖超级大脑——O2O 实时物流配送智能调度系统，针对不同配送场景智能调度，让订单与骑手可以智能匹配，确保运力系统处于最优状态。此外，美团发布无人配送开放平台，将自动驾驶技术落地应用到外卖配送场景，无人配送车"小袋"可以根据地图数据选择最佳配送路线，并可在复杂路况中灵活躲避障碍物，搭载电梯通用套件后，可实现自主上下电梯。美团外卖平台还在不断拓展即时配送品类，比如美团外卖"闪购"业务，涵盖生鲜水果、生活日用、鲜花绿植、服装配饰等众多品类，实现了 30 分钟配送上门 24 小时无间断配送。

（2）案例分析

美团外卖作为我国市场上主要的外卖平台之一，对于餐饮行业的数字化发展具有重要的意义。美团外卖平台为餐饮企业融入互联网发展热潮、拓展线上发展空间，提供了一个便捷的通道。以美团外卖平台为纽带，餐饮企业可轻松实现线上线下融合发展。"下一代门店"及"餐饮新掌柜"等计划，是美团外卖践行社会责任的一种表现，可有效助力餐饮企业拓展线上市场空间，快速实现降本增效，同时也有助于餐饮外卖行业整体提升数字化发展水平。以消费者的角度来看，美团外卖平台也极大地便利了消费者的日常生活，让消费者直接体验到了互联网发展所带来的生活便利化。在配送技术层面的投入和创新，有助于美团外卖自身实现降本增效，提高用户体验，并为未来激烈的竞争奠定一定的基础。

（3）案例启示

从某种意义上说，外卖平台的出现和快速发展改变了餐饮行业的游戏规则，在竞争日趋激烈及数字化不断向各行各业渗透的大背景下，外卖平台为餐饮企业提供了一个数字化转型的突破口，也为消费者提供了一个感受数字化生活的窗口。当前，我国餐饮行业数字化发展水平仍有很大的提升空间，外卖平台企业应充分利用自身的技术优势助力传统餐饮企业进行数字化转型，传统餐饮企业也可充分利用外卖平台所带来的发展新机遇，实现双方互利共生且互利共赢。

2. 海底捞

海底捞是一家直营餐饮品牌火锅店，以其独特的"海底捞式服务"获得了有口皆碑的好评，并成长为国际知名的餐饮企业，在十多个国家和地区经营着 900 多家直营餐厅。虽然经营着传统火锅，但海底捞始终寻求立足于餐饮业前沿，紧跟时代潮流，布局数字化战略以提高线上营销能力，利用新技术了解顾客需要并有针对性地提供服务，通过新技术提升顾客满意度，同时达到餐厅降本增效目标。

（1）主要做法

伴随数字化应用场景向餐饮行业的不断渗透，海底捞与阿里云展开合作，开始了以"新技术改变成本结构"为战略目标的数字化变革的探索。海底捞将"科技让服务更简单"作为其数字化转型的重要目标，将"人"作为其最有价值的资产，在 C 端体现的是以"人"为连接融合线上线下资源，从而为营销和运营赋能。2018 年，海底捞推出了数字化转型的两个重磅成果：海底捞 App 的上线和智慧餐厅的开业。海底捞 App 上线的排号预定、社区留言、千人千券会员权益等功能，实现了消费者与餐厅的零距离密切互通。此外，在海底捞 App "私人订制配锅"的技术支持下，消费者可以在社交网络分享自己订制的火锅口味，好友扫码即可品尝，更可以与网友 PK 更受欢迎的火锅口味，突破地理限制真正实现"一起嗨"等互动功能，以更有趣的线上互动增添了消费者就餐乐趣，提高了用户活跃度。海底捞 App 上线一年，海底捞注册会员即激增 50%。在海底捞智慧餐厅，"自动配锅机""自动传菜机器人""IKMS（智能厨房管理系统）"等设施促进了后厨的降本提效，"智能要货"等系统对餐厅供应链进行数字化赋能，通过算法可以进行门店销量预测以及实时的库存跟踪，从而预测出每家门店每天需要的进货量，进而最大限度减少库存并保证供应。同时，智慧餐厅配备智能菜品仓库系统，在 0 ~ 4 摄氏度的恒温环境里，由机械臂自动采货传菜，通过冷链的管理和后厨无人智能化的处理，可有效提高食品安全质量控制水平。除此之外，海底捞数据中台和业务中台的算力和数据也被同时应用于智能客服、智能人事等场景，降低了企业人力成本和管理成本，实现了数据驱动的"智慧运营"。

（2）案例分析

一直以来，海底捞给消费者最直观的体验是"服务好"，这也是海底捞在激烈的行业竞争中脱颖而出的核心竞争力之一。"海底捞式的服务"获得了消费者口口相传，且被业内推崇并被迅速复制到其他服务行业，但在当下人口红利逐渐消失、同质化竞争日趋激烈的背景下，如此依赖"人"的模式也逐渐成为海底捞的一种负担。通过 App 赋能 C 端销售，海底捞找到了融合线上线下资源的发力点，实现了与消费者线上零距离密切互通以达到"智慧服务"的目标，节省人力成本的同时实现了服务的创新，另辟蹊径增加了对消费者的吸引力。海底捞智慧餐厅则对餐厅供应链进行数字化赋能，其所沉淀的运营模式和数字化技术应用不仅可以节省可观的餐厅运营成本，还可以有效提高食品安全水平，对于帮助海底捞建立自动化供应链具有重要意义。

（3）案例启示

随着互联网、人工智能等新技术的发展，餐饮行业也越来越迫切地需要进行数字化转型升级，盒马鲜生等企业在餐饮行业进行的"新零售"试水进一步加剧了对传统餐饮企业数字化转型的逼迫，但如何进行数字化转型仍是困扰多数餐饮企业的一大难题。海底捞数字化转型的范例给了行业一个很好的启示，通过 App 的连接和智慧餐厅的尝试，有效地将线上线下资源进行了融合，在不丢失传统核心竞争力的同时将竞争力转移复制到了线上，不仅解决了运营成本牵制企业成长的难题，还创新了服务模式，进一步增强了行业竞争力。

3. 五芳斋口碑无人智慧餐厅

"五芳斋"品牌始创于1921年，是全国首批"中华老字号"，主要从事食品制造业和餐饮服务业，嘉兴五芳斋粽子是获原国家质检总局国家地理标志（原产地）注册的产品，"五芳斋"商标是国家商标局认定的中国驰名商标。作为老字号，五芳斋一直积极拥抱新时代，在五芳斋的理念里，未来数据化、智能化是大势所趋，而餐饮新零售趋势同样势不可挡，因此积极探索"老字号的新餐饮"，力图运用新零售理念及互联网技术，为老字号创建"天地融合"的新发展模式奠定扎实的落地基础。

（1）主要做法

五芳斋联手口碑依靠"没有服务员、没有菜单、没有送餐"的"三无"模式，打造无人智慧餐厅，在餐饮行业激烈的竞争环境中另辟蹊径，取得了骄人的成绩。五芳斋智慧餐厅的"智慧"从进入餐厅的第一步开始。第一步：点餐。餐厅点餐方式包括口碑App、到店扫码点餐、门店自助点餐机三种，点餐首页区分了线上预订到取、线下堂食就餐、打包外带三种就餐方式；在顾客扫码瞬间，智慧餐饮系统通过大数据赋能，识别出每位顾客的口味喜好、客单均价等，形成"千人千面"的智能推荐，让顾客真正感受到自主选择的便利性。第二步：下单支付。顾客点餐之后，通过支付宝线上结算支付，等餐期间，可用AR扫码五芳斋"粽宝"图案进入"砸金蛋、赢优惠券"的互动游戏，以游戏互动的方式让顾客直接得到实惠。第三步：取餐。互动游戏后，顾客就会收到一条取餐短信，后厨人员将食物放入餐柜，顾客点击开柜后，餐柜会自动打开，取餐后关闭柜门即可。在堂食区隔壁，五芳斋智慧餐厅设立无人零售货柜区，货柜里面摆放五芳斋粽子、八宝饭、绿豆糕、卤味等丰富多样的零售类食品，消费者可扫码打开货柜，取货即走，系统自动扣款，成功将营业时间延长至 24 小时。

（2）案例分析

五芳斋是国家首批"中华老字号"，发展至今，传统老店时常面临门店堂食、外卖生意繁忙，店里排起长龙，服务员忙得不可开交的情况，门店业绩和顾客体验等均受到一定的影响。通过智慧餐厅，五芳斋将传统餐饮消费场景迁移至线上，实现了门店运营的线上线下融合。五芳斋智慧餐厅的"三无"模式并非什么都没有，反而将有限的服务扩大到了无限。扫码点餐与自助取餐结合的方式，将消费者的手机转变成了个人专属服务员，同时达成了提升服务效率和节省人工成本的双重效果。通过大数据的赋能，五芳斋智慧餐厅为消费者建立了顾客画像，提前预测顾客消费能力和习惯，从而进行"千人千面"的营销，有效减少了营销误伤，提升顾客下单成功率，并且对消费者数据的收集和分析也可以帮助餐厅预估菜品销量，优化库存管理，实现精细化备货，智慧运营。线上预订到取等用餐模式帮助消费者节省了用餐时间，并且 AR 互动有效提升了到店候餐顾客的用餐体验，无人售货更是延长了餐厅的营业时间。

（3）案例启示

智慧餐厅是五芳斋对传统经营方式转型升级的一个积极探索，

也是老字号走向互联网化、数字化的一个大胆尝试。传统的餐饮行业以产品为中心，以选址、菜品吸引消费者，已不再适应当前日趋激烈的市场竞争，无人智慧餐厅围绕用户建模，打破了行业传统竞争模式，创造了线上线下一体化的新餐饮业态。随着互联网及数字化在各行各业的渗透逐渐深入，数据驱动行业发展已成为大势所趋，餐饮行业亦要紧跟时代潮流，以数据驱动为核心提升行业智能化水平，降低企业运营综合成本，提升顾客体验。

4. 麦当劳

麦当劳是全球大型跨国连锁餐厅，在世界上拥有三万多家分店，最能体现麦当劳特色的是提供服务的最高标准是质量（Quality）、服务（Service）、清洁（Cleanliness）和价值（Value），即 QSC&V 原则。这些原则有详细严格的量化标准，成为所有麦当劳餐厅从业人员的行为规范，并且严格的标准使顾客在任何时间、任何地点所品尝的麦当劳食品都是同一品质的。近年来，麦当劳本着将餐厅打造为一个进步、现代化餐厅的原则，逐步加快数字化转型步伐。

（1）主要做法

麦当劳每天都会创造大量的交易数据，也非常重视对这些数据的使用。当消费者使用麦当劳的移动 App 订购和付款时，麦当劳可以获取有关消费者去餐厅的时间、位置和频率，以及购买内容等重要的客户信息，同时，麦当劳还会在消费者选购时，推荐配套产品，进行促销，顾客最喜欢的订单会被 App 保存，并提供一种鼓励重复购买的方式。有数据显示，在日本，使用麦当劳移动 App

的顾客平均会多花费35%。① 在菜单设计方面，麦当劳不断推出新的数字菜单，在更新旧菜单的基础上，还根据数据的实时分析而改变，例如，在寒冷大风的天气里，菜单可能促销舒适性食品，而在炎热天气里清凉饮料可能被突出显示。这项技术的应用，使麦当劳的销售额增加了3%～3.5%。此外，麦当劳还推出了"i麦当劳"小程序，当用户打开"i麦当劳"小程序可以发现，"我要点餐""我要积分""我要好玩""我要送礼""我有评价"等所有功能需求，都在强调用户（我）是这个小程序的使用主体。"i麦当劳"小程序会基于现有的数据来推测顾客最喜欢的服务，把相应的入口优先排序，每位顾客打开"i麦当劳"小程序的首页，呈现的内容可能都是不一样的，从而让每一位顾客充分享受到麦当劳数字化、个性化的服务。

（2）案例分析

麦当劳一直以来都是以标准化而著称的，自 Steve Easterbrook 接任麦当劳全球 CEO 之后，就把"转型数字化和个性化"视作重新树立品牌在年轻人中的吸引力、提振业绩的重要策略，试图将麦当劳打造成一个进步、现代化的餐厅。作为全球最大的快餐连锁企业，麦当劳在188个国家和地区开展业务，每天都会产生大量的数据。麦当劳将这些数据当作企业未来发展的巨大财富，以数据驱动为核心，推动餐厅的数字化转型。通过对消费者数据的收集与分

---

① 《麦当劳为实现数字化做了哪些事?》，维科网，https：//www. ofweek. com/ai/2018－04/ART－201713－8470－30220090. html，2018年4月10日。

析，麦当劳可以清楚地知道顾客在哪里、他们是谁、他们喜欢什么、他们为何而来等，从而更加精准地计划新品研发、市场营销、餐厅营运，以及供应链管理。就顾客层面而言，"数据驱动"的麦当劳所提供的餐品虽然还是那些，但变得更"懂"顾客了，对顾客需求的迎合度更高了，在未改变标准化的同时也实现了个性化的转变。移动 App 和"i 麦当劳"小程序的应用，进一步提升了麦当劳数字化、个性化的消费者用餐体验。此外，"i 麦当劳"小程序搭载于微信和支付宝平台，贴合了中国当前互联网发展的现实潮流，以便捷的方式迎合了中国消费者的消费习惯，同时拓展了餐厅的线上引流渠道。

（3）案例启示

麦当劳等标准化生产的快餐企业以快速、便捷的就餐模式，满足了快节奏生活方式下消费者对效率、便捷的就餐需求，从而逐步发展壮大。但是，随着互联网技术在人们生活中的逐渐渗透，生活方式越来越便利化，人们对日常用餐的需求发生了变化，不再单纯追求效率和便捷。外卖平台的出现和发展成熟，导致餐饮行业产生巨大的变革，非快餐式的餐饮就餐也不再麻烦，进一步挤压了快餐行业的生存空间。麦当劳积极拥抱数字化转型升级，在日趋激烈的竞争中取得了突破。麦当劳数字化转型的核心是"数据驱动"，在不改变"标准化"这一传统竞争优势的情况下，以精准的数据分析为顾客提供贴心的个性化服务，有机融合了"标准化"和"个性化"的发展需求，为快餐行业的数字化转型提供了较好的范例。

（七）专业服务商

1. 多点

（1）主要做法

多点成立于 2015 年，为一站式数字零售服务商，主要为地方零售龙头企业提供数字化解决方案，目前合作企业覆盖全国 31 个省份超过 120 家连锁商超、13000 多家门店，平台注册用户超过 1.5 亿。多点主要提供 2 套零售操作系统，应用于 3 大场景，提供全链路数字解决方案。

一是数字零售操作系统。多点自主研发 2 套零售操作系统，分别为 Dmall OS 和 MiniOS，具备高兼容性、强拓展性、高普适性。其中，Dmall OS 是为连锁商超打造的，包含 15 大平台 800 个子系统，涵盖传统零售各个环节，包括任务管理系统、门店操作系统、员工在线系统、会员任务系统、精准营销系统、采销系统、商品分析系统、预付卡系统等，企业可根据需要选择搭配；Dmall OS 系统具有开放平台灵活对接、数据双备份＋共享、全链路高度安全、采用先进云架构等特点。MiniOS 是在 Dmall OS 基础上开发的适应中小微商超和便利店的系统，帮助小店低成本数字化发展，与 Dmall OS 相互协同，资源共享，根据小店需求，能够实现快速迭代。

二是多场景一体化模式。多点通过 3 种融合模式，多点 App 链接，实现 3 大场景多业态一体化发展。3 种融合模式分别为：全部采用多点系统；与多点只建立信息交互，保留零售企业原有系统；采用多点自由购功能，数据验证后写入零售企业自有系统。3大场景分别为：到店，主要为综合体、商超等商圈；到家，主要为全球精选、线上线下融合等；到社区，主要为社区便利店、社区拼团。

三是数字化解决方案。多点依托与物美深度合作，不断加深对零售业数字化的理解与实践，为零售行业提供从采购到门店、消费者的全链路数字解决方案。供应链管理方面，提供采购、生产、商品、仓储、补货等方面的解决方案，根据历史数据设计补货规则模型，通过线上自动下单，减少人工操作环节；商品管理方面，提供从选品、展示、货架管理到溯源、预测等全方面解决方案；会员管理方面，推进会员数字化或重建会员体系，对用户进行精准画像，通过大数据分析，实现精准营销和会员服务；门店管理方面，提供"AI门店大脑"，通过交易、支付、配送、员工、门店等数字化智能化管理，实现数字驱动、任务自动调度、作业标准化、工作量化、实时监控、即时决策。

（2）案例分析

一是雄厚资金支持。从成立之初到目前，多点一直持续进行资金投入，2017~2018年投资收益占净利润60%以上，截至目前仍未盈利。成立初期，获得IDG资本等机构投资1亿美元，后陆续获得腾讯、深投控、中粮、招银国际、兴投资本、国调基金、恒安国际、联想创投、福田引导基金、天雅资本等注资。同时，获得泰康人寿保险长期股权投资。

二是与物美深度合作。前期多点通过与北京物美深度合作，形成对传统零售业特别是商超的深度解析，不断践行数字化转型，探索出一套比较成熟的平台模式，2018 年快速在全国复制推广，目前主要客户为全国区域龙头商超。

三是强竞争力团队。多点拥有一支高素质、强技术、富经验、创新活力旺盛的人才队伍。高管在管理、研发、销售、运营等领域均拥有 10 年以上丰富经验，员工 80% 为本科以上学历，平均年龄为 29 岁，技术开发人员超过 1200 人，占比超过 50%，自主研发出 2 套全链条数字化系统。

四是应用成果明显。多点模式在传统零售企业的应用效果已经显现，助力商家提效升级。连锁商超方面，截至目前，多点在物美渗透率超过 80%，疫情期间，物美线上销售额同比增长超过 90%；与麦德龙合作不到半年，多点 App 会员占总会员比重超过 66%，到家订单销售额占比超过 20%；武汉中百与多点合作进行数字转型后，商品缺货率、新品无动销率等 7 个营运异常指标均下降。便利店方面，据测算，与采用 MiniOS 系统之前相比，采用后整体销量、销售额分别提升 20%、300%。

（3）案例启示

多点发展模式已经开始显现效果，为专业服务商做好零售行业数字化业务带来重要启示。一是注重合作，结合企业自身优势，加快寻找与自身发展目标相匹配、有一定实力和影响力的零售企业，加强在创新平台模式、数据交流共享、服务对接等方面的探索合作。二是注重模式普适性，研发零售操作系统具备简单化、标准化、模块化特点，一方面可以降低研发成本，另一方面能够将成功模式快速复制推广，打造企业品牌。三是找准切入点，深入挖掘自身优势，充分利用已有成熟资源，不断打磨实践，向数字化方向探索发展战略。

2. 阿里云

（1）主要做法

阿里云在十几年技术研究沉淀基础上，借力庞大的商业生态，不断探索创新，为流通行业数智化转型提供数据中台解决方案、业务中台解决方案、数字化解决方案等。

一是数据中台解决方案。数据中台是阿里巴巴在 2015 年率先提出来的一个概念，经过探索实践，2018 年全面对外帮助企业实现数智化转型，推出包括零售、金融、政务、互联网四大行业在内的细分化解决方案。零售数据中台解决方案，通过整合线上线下多渠道，生产、采购、商品、库存、订单、物流、消费者等全链条数据，提供全方位的大数据分析，帮助企业理解数据，运用数据驱动业务，通过联通阿里生态，创新消费场景，扩展经营空间和时间，实现提质增效。目前数据中台已经成功运用于大型超市、百货商场、新零售门店、品牌商等多种零售业态。

二是业务中台解决方案。业务中台建立在数据中台基础上，打通会员、库存、营销、商品等各环节，以多种共享服务中心形式体现，实现线上线下数据一致化、销售一体化。

三是数字化解决方案。阿里云在数据中台、业务中台基础上，推出多种零售数字化解决方案，包括数字门店场景解决方案、商超连锁全渠道零售解决方案、购物中心智慧营销解决方案、线下便利店数字化解决方案等。

数字门店场景解决方案，是对门店数字化重构，包括开店智能选址、基础设施云化、前端触点数字化、业务在线化、运营数据化、决策智能化等的全过程数字化解决方案，实现"人、货、场"数字化，进而用数据分析业务反哺零售业务。

商超连锁全渠道零售解决方案，主要在数据中台、业务中台基础上，提取线上线下商品、会员、交易、营销等全渠道数据，在数据一致情况下，以共享服务中心形式反作用于前台多场景，提供连接阿里生态的 App、小程序等线上平台，帮助零售商实现线上线下无缝统一销售。

购物中心智慧营销解决方案，购物中心融合购物、餐饮、娱乐、教育、健身等多种消费场景，通过联合天猫、支付宝、高德地图等多种阿里生态，利用中台能力融合多元触点数据，通过大数据分析能力，为商场提供智能化营销服务方案。

线下便利店数字化解决方案，阿里云与阿里巴巴集团其他部门合作探索出一套从采购到供应、经营等的一体化数字化解决方案，帮助线下便利店实现连锁经营、智能运营、品牌升级，并推出一系列配套软硬件设施，包括零售通 App、"如意"智能门店管理设备、天猫品牌智能连锁门店。零售通 App，为线下便利店提供在线采购渠道，平台上拥有 5000 多个大型品牌商和经销商，为门店提供稳定、质优、价优商品供应。联合菜鸟网络搭建区域仓、城市仓，覆盖 23000 多个乡镇街道，近 90% 门店实现隔日达，部分实现次日达。"如意"智能门店管理设备，于 2018 年推出，包含店主系统和消费者系统。其中店主系统具有店铺管理、运营管理功能：店铺管理支持录入 2970 万种商品，具备库存管理、商品溯源功能，提供经营分析；运营管理通过与零售通 App、饿了么等平台联通，提供智能补货、到店到家等服务，拓展销售渠道。消费者系统支持人脸识别、扫码支付，展示新品首发、品牌满减等促销活动。天猫品牌智能连锁门店，以加盟形式，通过品牌授权、大数据选址选品、阿里系供应链整合、数字门店管理等方面，帮助便利店实现品牌连锁、智能化发展，实现降本增效。

（2）案例分析

一是庞大的商业生态。阿里云有阿里系的商业生态体系做支撑，涵盖金融、营销、支付、电商、物流、社交、浏览器、交通、娱乐等多领域，拥有阿里妈妈、支付宝、天猫、淘宝、饿了么、高德地图、UC 浏览器、微博、优酷等多个软件，零售企业数字化与阿里各种商业生态融合，巨大的优势和竞争力是目前大多数企业难以企及的。银泰依托阿里系全商业生态，实现消费者边体验边线上下单，顾客进店手机辅助购物比达 90%，通过阿里喵街将线下用户范围扩大至周边 5 公里，且可享受 1 小时达服务。近 7 万家线下便利店，通过零售通 App 联通外卖服务后每家月均收入增加 700 元。

二是丰富的商业实践。阿里云在数字领域深耕数十年，服务全国最大的零售平台，拥有最大的新零售连锁门店，积累大量实践经验，已成功帮助商超、百货、便利店、品牌零售商、餐饮等领域众多传统零售企业实现数智化转型。商超方面，大润发采用商超联合解决方案后，总体收入比之前提升 3 倍以上，运营超过 3 个月的门店线上订单量达 2000 笔以上，营收提升 10%。百货方面，通过消费者数字化，新光天地第一家试点门店交易额同比增长达 10%，刷脸支付会员转化率提升 3 倍，获客成本降低 1/3。便利店方面，130 万家店铺通过零售通 App 实现线上采购优质货源；接近 16 万家门店通过"如意"智能门店管理设备实现数字化转型。品牌零售商方面，波司登通过云技术重构和打通了线上线下库存数据，缺货损失减少 21%；蒙牛采用阿里数据中台，年度销量预测准确率达 97.8%；雅士利挖掘出 5 个业务场景，2019 年"双 11"期间实现营销提效同比增长 92%；九阳采用零售数字化解决方案，天猫"618"当天免洗豆浆机成交额同比增长 2.3 倍。餐饮业方面，海底捞 5 个月内建立起承载 3000 万会员的智能服务系统，推出业内首个"千人千面"餐饮 App。

三是强大的技术实力。阿里云在技术领域国际领先，是国际开源社区中贡献最大的中国公司，在亚太地区综合能力第一，拥有自主研发飞天大数据平台，云端技术在实践中磨炼升级，能够经受"双 11"、春运抢票等极限场景考验，2019 年"双 11"创建峰值 54.4 万笔/秒；系统拥有非常好的延展性、开放性，满足用户长期运营所需；获得全球安全认证，能够保护中国 40% 以上网站。

（3）案例启示

阿里云作为国内领先专业服务商，其做法与发展路径为我们带来重要启示。一是加强内部实践，充分利用自身零售业务优势，通过数据中台整合优化集团内部资源，提升实力和竞争力。二是适时开展外部输出，在形成比较成熟的业务模式、扎实技术能力后，快速向外输出服务能力。三是通用和定制服务并进，据了解，一家百货集团复制银泰新零售系统的时间正在由 3 个月缩短至 1 个月，大幅提升零售业数字化改造效率，与定制化解决方案相结合，融入客户改造过程，提升服务层次。

3. 京东数科

（1）主要做法

京东数科是零售行业软硬件一体化数字化服务商，通过协同上游硬件合作商，对接京东系列系统，提供数字化操作系统、智能化解决方案，创新建立新型数字化门店，助力零售业供需两端数字化改造升级。

一是智能硬件解决方案。京东数科联合 ERP、智能收银系统多家合作商，对接京东 App、京东便利 GO、京东到家、京东小程序等各种系统，能够明显缩短零售企业对接落地时间。目前，有近 40 家商超 ERP 系统厂商、20 多家智能收银系统厂商与京东数科合作，其中，ERP 系统涵盖当前主流系统的 85% 以上。

二是智能供应链中台系统。京东超市通过不断升级优化智能供应链能力，形成一套供应链数字化基础设施，通过这套中台系统，企业可以实现全渠道营销，通过分析消费趋势，反作用于生产，打造爆款、新品。

三是零售数字化升级解决方案。京东零售"物竞天择"项目是零售数字化升级解决方案，通过京东超市平台，实现数字改造升级。一方面，为零售企业连接多样经营场景如线上下单线下履约、线下渠道线上结合、店铺数字化经营、京东和线下共触用户；另一方面，帮助零售企业实现全渠道一体化、营销一体化、用户一体化、数据联通化。目前，该项目合作门店超过 100 万家，商品覆盖 1700 万种，配送范围覆盖全国 216 个城市，打造 2 万个"1 小时生活圈"。

四是创新型数字门店。2017 年京东零售启动"京东便利店"计划，通过提供技术、物流、运营等方面支持，将烟酒店、母婴店等专业店以及餐饮店等进行智能改造，统一京东品牌、形象和管理，与阿里推出的天猫品牌智能连锁门店有许多相似之处。目前已完成连锁经营管理体系建设，主要定位于商圈、写字楼、社区、学校、交通站点等多个场景。推出京东掌柜宝 App，通过智能门店管理系统，在订货、运营、管理、营销等方面实现智能系统化管理，目前合作品牌达近万家，品类涵盖几十个，超百万门店实现商品一站式供应。

（2）案例分析

一是独有生态体系。京东数科与阿里云发展有相似之处，均孵化于国内电商零售巨头，自带数字化零售转型基因，身后有京东 App、京东到家、京东小程序、京东物流等众多商业生态做强大支撑。各渠道多年积累沉淀海量数据，为零售企业运营提供更多分析维度，更精准营销依据，例如京东零售针对男性定制系列洗发露新品，基于京东各平台，能够对 10 亿消费者行为和 150 万外部舆情等数据进行交叉分析。

二是科技研发投入大。目前京东数科研发相关员工占比近 70%，2019 年京东体系所属上市及非上市企业合计研发投入 179 亿元，研究经费占营业收入比例由 2017 年的 11.9% 上升至 2020 年上半年的近 16%，占比高于国际巨头亚马逊约 12% 的水平。

三是实践成效显著。依托京东智能供应链中台系统，反向定制将新产品需求调研时间减少75%，上市周期缩短67%，同时新品成功率有明显提高。通过输出智能供应链和物流等业务，2020年上半年京东超市平台上有1万多个品牌成交额同比增长1倍，20多个品牌成交额超过10亿元。通过智能收银机＋数字解决方案，截至2020年末，累计为约10万家小微商户提供线下数字化收单服务，累计收单达50亿元；为700多家大型商业中心提供会员运营解决方案，小程序日均浏览量超400万人次。通过京东掌柜宝，"双11"期间，有1万多家便利店选择智能一键补货热销商品功能，提高采购效率，降低采购成本。

（3）案例启示

京东数科作为专业服务商在流通领域数字化服务方面提供的启示主要有：一是从效率、优势出发，注重与上下游厂商协作，发挥各自特有优势，提高客户改造效率；二是以流通终端数字化为切入点，加强大数据挖掘应用，延伸数字链条至供应端，拓展服务领域；三是注重技术研发，以强大的技术实力支撑核心竞争力。

二　对外贸易领域优秀企业数字化创新案例

（一）货物贸易数字化

1. 阿里巴巴一达通

阿里巴巴一达通是阿里巴巴旗下的外贸综合服务平台，采用标准化、专业化、网络化的手段为中小微企业提供通关、物流、退税、外汇、融资等一站式外贸综合服务；通过高效整合中小企业外贸流通服务资源，降低中小外贸企业运行成本，改善了交易服务条件，有效扩展了中小企业生存发展空间，让小企业享受大服务。

（1）主要做法

阿里巴巴—达通是全球领先的一站式跨境贸易供应链服务平台，为中小企业提供专业、低成本的通关、外汇、退税及配套的物流和金融服务，是对传统外贸公司代理服务的全面升级，利用自身开发的进出口交易系统为客户提供一站式进出口服务解决方案和融资服务。阿里巴巴—达通在以下方面实现了创新升级。一是推进传统外贸服务模式的创新。一达通模式以中小微企业为服务对象，以电子商务为工具，采用流程化、标准化的服务，打造推进传统外贸的服务模式。通过向中小企业提供一站式的通关、物流、退税、外汇等服务，减轻企业经营压力，降低企业外贸成本。向中小企业提供外汇、保险、融资等金融服务，解决企业融资难题，提高企业经营利润。二是推进传统电子商务平台的升级。一达通平台深入企业交易流程，集约化地提供完整的生产性服务，解决"交易实现和发展"的问题。同时，基于交易流程介入，进行企业贸易真实性验证，完成企业贸易数据库建立，解决企业与外界资源方（例如银行等）经营信息不对称问题，解决中小企业融资难等问题。三是通过打造一拍档升级外贸服务模式，一拍档是阿里巴巴—达通引入外贸生态链条上的各类第三方服务企业（如货代、外贸进出口代理、报关行、财税公司等），与之成为紧密合作伙伴，为具有出口服务需求的客户，提供本地化、个性化的低成本出口流程服务。四是创新网络融资通道。通过综合服务平台与银行信贷平台相结合，为中小企业客户提供融资通道，集退税融资、电子商务、支付结算于一体，为中小企业提供全方位、多层次的综合金融服务方案。

（2）案例分析

一达通开创了将国际贸易与流通服务分离的外贸服务新业态，结合自身优势，利用信息化专业化手段进行创新，开启了外贸综合服务平台的新模式。首先，一达通外贸综合服务企业模式真正实现了外贸供应链中关键环节的电子化和便利化，使得政府的监管建立在可追溯、可透明、可安全的基础上。其次，一达通把外贸流程链条上必经的海关报关环节与其他流程和服务综合到一个平台上，清除了中小微企业与金融机构之间的障碍，让中小微企业能够获得优质的金融服务，解决了中小企业融资难题。一达通相比传统的供应链企业有更强的资源整合能力，已形成较强的经营优势和较高的服务能级。

（3）案例启示

一方面，国际贸易活动中，企业特别是中小企业融资难的问题非常突出，这是因为中小企业数量多、资信情况复杂，银行也对复杂的资信调研流程感到头痛；另一方面，从政府的角度，监管一直是政府长期重视的工作。一达通的模式创新，扫除了海关等政府部门与中小企业间的障碍，真正实现了一站式服务，解决了企业融资难题。利用新技术，对企业业务流程进行优化，可以有效提升企业效率。

2. 中国进出口商品网上交易会

（1）主要做法

中国进出口商品交易会（简称"广交会"）是中国目前历史最长、层次最高、规模最大、商品种类最全、到会采购商最多，且分布国别地区最广、成交效果最好的综合性国际贸易盛会，被誉为"中国第一展"。随着数字化建设深入发展，在新冠肺炎疫情加速推动下，广交会从线下搬到线上，"网上广交会"为企业提供专业化网络推广服务、信息展示服务、行业信息更新服务及寻找贸易伙伴服务等，并利用数字化信息技术开展"云对接"，帮助企业开拓海外市场。从短期看，外贸企业需要通过广交会获取新的订单，以对冲疫情带来的不利影响；从长期看，"网上广交会"将继续发挥外贸发展"晴雨表"的作用，同时有望成为我国新型基础设施建设发展的重要"风向标"。为了进一步提升客商的参展体验，广交会深入推进智慧广交会建设，加快广交会数字化转型，具体做法：第一，推出网络无感知认证功能，优化改进无线上网体验；第二，开通手机终端报送成交统计功能，参展企业可以通过微信小程序填报当日成交情况；第三，按统一风格优化整合信息驿站，形成各站点分布合理、相互支撑的良好格局；第四，丰富大数据看板展示内容，优化广交会展馆地图展示形式；第五，改进办证系统、引入人脸识别技术、试点采用新型"非接触"IC 卡验证机，使进馆验证流程更加便捷高效。此外，"网上广交会"推出"云对接"新模式，利用数字化信息技术，在多个国家间开展"云对接"，助力企业开拓海外市场。

（2）案例分析

受海内外疫情影响，广交会迅速应对，及时将线下展会搬到线上。"网上广交会"把产品展示、网络推广、信息更新、商家对接等功能进行整合升级，让供应商和海外买家实现零距离沟通，将线上展会效率高、成本低的独特优势充分发挥出来。"网上广交会"将互联网技术融入实体展会中，提升线下展会的转化率，也为广交会的参展商提供流量支持，帮助供应商获得更多的订单，全面协助企业渡过难关。

（3）案例启示

随着新技术快速发展，科技的创新让"互联网＋展会"更加智慧，线上展会越来越被企业青睐，成为企业"出海"的新渠道。这种数字化展会模式，扩大了买家的覆盖面，让原本只能在线下展会接触到有限买家的供应商，得到了接触更多买家的机会。尤其在疫情下，云展会技术的成熟让供应商和买家看到了疫情之下的生机和希望，线上展会加速传统会展业转型，此举或将成为传统会展业转型升级的新契机。数字转型已是大势所趋，谁能得到更多的流量，谁就是赢家，"互联网＋展会"的服务模式非常适应当前数字化转型趋势，值得业内借鉴。

3. 中建材"易单网"

易单网是中国建材集团旗下专注于建筑材料及设备的 B2B 跨境电商平台，是目前中国最大的建材电子商务出口平台，也是目前国内唯一一家全程自营的建材垂直型跨境电商平台。易单网通过开创"跨境电商＋海外仓"的全球贸易新模式，实现了传统贸易方式与现代电子商务的有机结合；强化商业模式创新和管理创新，通过电商平台为更多生产企业提供一站式外贸服务；通过"禾苞蛋"平台，对企业的精准扶贫工作产生良好示范效应。

（1）主要做法

中国建材集团作为世界领先的材料开发商和综合服务商，近年来加快布局新基建，创新服务理念，以信息技术打造建材行业云平台。一是为降低传统外贸企业向跨境电商平台与供应链整合方向转型过程中面临的国际物流和仓储壁垒，易单网开创独具创新优势的"跨境电商＋海外仓"模式，实现了传统贸易方式与现代电子商务的有机结合。一方面，通过规模化采购和集约物流降低采购和运输成本；另一方面，为海外买家缩短了采购周期，降低资金压占成本，提升了购买的效率和便利性，使易单网供应链整合的价值得以实现。二是依托其丰富的国际经营经验、国际化员工及国际市场基础等资源，通过强化商业模式创新和管理创新，易单网将生产、检验、报关报检、跨境物流、出口结算、保险金融、海外仓各环节整合到电商平台，发挥自身积累的资源优势，为更多生产企业提供一站式外贸服务。三是通过微信商城"禾苞蛋"平台，以创新的扶贫模式、显著的扶贫成果、典型的示范效应，对企业的精准扶贫工作产生良好示范效应，带动多地贫困农户增收脱贫，为当地探索可持续的产业扶贫模式提供了新思路。

（2）案例分析

在新冠肺炎疫情倒逼下，企业纷纷加快了数字化转型的步伐。易单网作为中国目前最大的建材电子商务出口平台，利用自身优势资源积极为企业提供服务："跨境电商＋海外仓"开创全球贸易新模式，一站式外贸综合服务提供外贸转型新样本，电商平台"禾苞蛋"开拓央企扶贫的新渠道。易单网模式创新顺应跨境电商发展升级趋势、满足市场诉求，不仅把电商平台向海外市场进行拓展和延伸，更实现海外市场本地化运营。易单网已成为中央企业应用跨境电子商务技术开展国际业务的典型。

（3）案例启示

传统外贸模式中企业、产品之间的竞争逐渐转向平台、供应链之间的竞争，对跨境电商来说，想要获取更高利润，就要尽量减少传统外贸过程中的种种环节，这是市场诉求；同时，伴随数字经济迅速崛起，电子商务企业应用猛增，传统外贸企业纷纷向跨境电商平台与供应链整合方向转型，而降低国际物流和仓储的壁垒是跨境电商实现盈利的前提。"跨境电商＋海外仓"的创新模式及提供一站式外贸综合服务，很好地满足了市场诉求，实现了传统贸易方式与现代电子商务的有机结合，全面实现了全程、可控、信用、增值。中国建材集团作为中央企业，为我国中央企业外贸业务由传统进出口贸易向数字贸易转型提供了样本。

（二）服务贸易数字化

1. 华为

华为技术有限公司成立于1987年，是全球领先的信息与通信技术（ICT）解决方案供应商，主要产品包括华为云、5G等，通过不断创新通信产品，向全球范围输出数字化咨询与服务。华为把ICT

产品与咨询服务紧密结合起来，依托其强大的研发能力与 ICT 生态资源，实现技术服务贸易，带动中国技术开发者拓展国际市场。

（1）主要做法

华为作为中国的世界级科技企业代表，在 ICT 领域深耕细作，向全球提供通信服务。一是依托世界级的技术产品，实现科技服务输出。华为依托 5G、WiFi 6、华为云等领先技术产品，赋能服务贸易，向全球客户提供智慧城市服务解决方案、智慧园区服务解决方案、数字化战略咨询、行业数字化转型咨询等服务，实现自身的技术产品与服务输出。二是全面开放服务引擎，构建出海生态联盟。华为通过开放 HMS 服务引擎，覆盖支付、广告、地图、浏览、搜索五大模块，构建 HMS 生态圈，为中国开发者提供全球资源与服务，助力中国开发者实现技术出海。

（2）案例分析

近年来，中国数字经济发展迅猛，具备高端技术服务的企业越来越多，如何技术出海，实现全球化发展，成为热点话题。华为聚焦 ICT 领域，通过研发一系列领先的技术产品，打开全球化数字服务大门。在外贸环境持续恶化的情况下，"卡脖子"技术的重要性逐渐凸显，华为作为中国领先的科技创新企业，不断探索突破国外科学技术垄断局面，建立技术生态联盟，协同其他技术企业，带动中国科技服务"抱团"出海。

（3）案例启示

在数字经济的浪潮下，数字科技正从外在的辅助支撑变成内在的改造力量，中国的数字技术快速发展，世界级的技术服务产品逐渐崭露头角。受外贸环境的影响，以华为为代表的高端技术企业如何走出重围、实现技术出海成为焦点话题。未来，科技公司的数字化发展将围绕"卡脖子"技术，研发高端技术产品，加强数字化应用，推动各行各业改造升级，同时助力中国从传统服务贸易转变为技术服务贸易，成为真正的科技强国。

2. 连连跨境支付

连连支付成立于 2003 年，是一家第三方支付公司。2013 年，连连支付进入跨境行业，成为中国最早开展跨境支付服务业务的第三方支付机构之一，专注于移动支付、跨境支付领域，为全球跨境电商中小企业提供专业的定制化支付解决方案，目前，支付服务范围已覆盖全球超过 100 个国家和地区。

（1）主要做法

连连支付为全球跨境电商中小企业提供跨境支付服务。一是提供一站式跨境支付服务，完善在线支付系统。连连支付推出了跨境收款、退税管家、VAT 支付、一键开店、微信小程序等功能，实现多平台多币种即时入账，资金收款可直接用于缴纳 VAT 税费，提供移动支付实时服务等，有效服务跨境企业。二是通过与国外知名企业战略合作，拓展海外支付市场。连连支付陆续与 Wish、Amazon、eBay、Shopee、Souq、Cdiscount、Mercado、Rakuten 等电商平台合作，跨境电商卖家可通过后台选择连连跨境支付收款通道，推动实现资源互换和共享，助力中国企业出海。

（2）案例分析

作为中国第一批开展跨境支付服务业务的第三方支付机构，

连连支付通过探索数字技术在跨境支付方面的多场景应用模式，打造一站式跨境支付平台，实现跨境支付体系智能化、便捷化发展。同时，随着跨境电商的蓬勃发展，数字支付的服务支撑作用愈加凸显，连连支付积极扩大全球电商站点，拓展服务范围，构造全球支付网络，助力中国企业拓展国际市场，赋能中国品牌出海。

（3）案例启示

在数字经济与"一带一路"倡议的双驱动下，我国服务贸易迎来新的发展机遇，数字化应用成为金融服务发展不可或缺的核心要素。在服务贸易全球化发展的趋势下，外贸交易方式更迭升级，各种新模式、新业态不断涌现，电子支付体系应加快数字创新，通过在线化、数据打通、技术对接等方式，优化支付服务体系，积极拓展海外数字服务贸易市场，推动我国跨境电商发展。

3. 马蜂窝

马蜂窝于 2010 年开始正式公司化运营，是一家基于旅游社交和旅游大数据的新型旅游服务平台，在旅游 UGC（User Generated Content，用户原创内容）领域累积了大量的旅游内容。马蜂窝通过深度挖掘境外自由行攻略内容，与国外景区、景点合作开展视频直播，实现旅游服务的数字化。

（1）主要做法

一是创新"内容＋交易"模式。马蜂窝通过人工智能、大数据等技术，不断挖掘、分析用户的交互内容，将旅游 UGC 形成结构化的旅游数据，根据用户偏好，提供对应的个性化旅游信息、自由行产品与服务，实现数字化营销和定制化服务。二是通过直播、短视频手段，拓展数字技术在旅游业的应用场景。新冠肺炎疫情暴发后，马蜂窝积极布局"云旅游"直播，视频直播国外的著名景区与景点，并与快手短视频联合推出了"云游全球博物馆"系列，形成"先'种草'再旅游"模式。三是开放平台系统与景区合作，打造智慧旅游。疫情得到控制后，国内景区逐渐开放，马蜂窝全面开放蜂巢数字化服务体系，与景区商家合作发布公益举措、景区营业信息、新产品动态等信息，加速实现景区智慧防疫。

（2）案例分析

作为以"交互内容"为核心优势的旅游电商平台，马蜂窝依托其特有的社交属性，通过大数据、人工智能、AR等技术挖掘与分析用户数据，不断丰富与完善社区内容，形成内容生态圈，实现数据的循环流动。与传统的OTA（Online Travel Agency，在线旅游）不同，马蜂窝更重视"内容"，以UGC、旅游大数据、自由行为主要特色，在各大旅游平台中异军突起。新冠肺炎疫情突袭而至，马蜂窝全面加速布局数字旅游，在"内容＋交易"模式的基础上，丰富数字技术的应用场景，为景区、景点提供基础支撑服务，实现旅游服务的社交化、多元化、数字化。

（3）案例启示

旅游业为服务贸易的重要组成部分，创新旅游服务数字化发展，有助于旅游服务贸易的提档升级，实现智慧旅游，更好地服务"一带一路"倡议。新冠肺炎疫情暴发以前，旅游业的数字化转型缓慢，主要停留在以交易为主的传统 OTA 模式上，缺少创新发展的内生动力。随着新冠肺炎疫情的全球暴发，全球旅游业几乎停摆，倒逼旅游业进一步加速数字化进程，未来，基于数字化的旅游新业态将不断涌现，数字旅游、智慧旅游将更加普及。

（三）跨境电商

1. 南京领添

南京领添（SHEIN）是中国跨境快时尚品牌，主要面向女性消费群体销售服装、饰品、鞋履、箱包等产品。目前，它在法国、西班牙、英国等欧洲国家已成为最受欢迎的购物应用之一。2020 年 6 月，在美国市场，SHEIN 超越 Wish、沃尔玛、eBay 等当地公司，成为仅次于亚马逊的购物应用榜单第二名。公司今年完成了 E 轮融资，估值超过 150 亿美元，是跨境电商领域名副其实的"独角兽"。

（1）主要做法

一是基于平台智能的产品组织与设计。①利用数据系统捕捉消费者偏好。SHEIN 建设数据跟踪系统，跟踪互联网上大大小小的服装零售网站的产品，抓取其图样、颜色、价格变化、面料、款式等数据后进行数据分析。SHEIN 准确地预测了 2018 年夏季美国流行蕾丝，印度流行全棉材质。②消费者偏好驱动的生产供应链模式。采用"测试—重复"策略，首先设计推出少量新款（约 100 个）进行测试，再根据消费者购买行为决定是否需要加单生产。这个过程中，SHEIN 更像一个算法迭代机器，消费者反馈的一手数据信息，最终形成产品预测、销售预测、生产计划、销售计划、营销推广计划等。SHEIN 一般选择美国来测试新款。③专门设有买手团队。除了设计师团队，还专门设有买手团队。通过逛大牌发布会、看流行门店，把潮流元素、时尚热点和文化特色反馈至设计师团队做参考。

二是 C2M 模式下的柔性供应链生态。①搭建柔性闭环供应链。通过自主研发供应链信息系统，辅以数据系统，SHEIN 将终端跨境电商平台上的消费决策信息，反馈至后端供应系统和工厂，适时调整生产计划，真正实现先进、高效和柔性的供应链体系，最终实现商业闭环。SHEIN 日均有数百上千件产品上新，厂商们从设计、打版、制造到生产，最快 7 天就能完成。②供应链集群优势最大化。SHEIN 选择中国服装生产第一大省广东作为核心生产基地，满足时尚行业原料品类多、款式多、供货周期短等要求。同时，研发设计和供应链之间的沟通联系更紧密，空间距离缩短，保证了生产供货的敏捷度。③以缩短账期"笼络"合作伙伴。SHEIN 对有稳定交付能力的厂商们，直接月结甚至每半个月结算一次，绝不拖欠货款，逐步与工厂建立更稳定的合作关系，保证大规模"小单快反"供应链落地。

三是品牌营销注重社交属性。SHEIN 依靠社交媒体上的网红带货从而将品牌推荐给消费者起家，除了与海外网红、KOL（Key Opinion Leader，关键意见领袖）继续合作，持续投放 Facebook 等广告流外，在品牌塑造上，SHEIN 区别于 ZARA 平价"大牌"给人的距离感，从产品照片、模式风格到内容表达，都具有很强烈的社交属性，完全顺应了海外营销社交化大趋势，因而也受到了更多欢迎。

（2）案例分析

SHEIN 利用跨境电商平台触达消费者，对消费者需求信息的采集不是停留在描述、还原、反馈阶段，而是利用大数据和人工智能技术，再结合行业内外的大量数据，通过"低成本测试"与消费者进行实时、快速、多次的对话，逐步构建对消费者需求自动化、智能化的反应系统，帮助企业针对消费者需求和市场变化，能够快速、敏捷、准确地给出响应和决策方案，形成了"C2M 按需定制"的真正核心竞争力。以消费者需求为导向，利用数字化系统，从设计、生产、流程、组织等各个层面强化供应链组织与管理，提高运营效率，让 SHEIN 从一家不拥有工厂的服装零售商变成了一家超大型的虚拟服装制造企业。

（3）案例启示

SHEIN 充分利用新一代数字技术，挖掘消费端数据价值，然后利用数据了解消费者需求，快速调整经营策略，依靠中国强大、完整的服装产业供应链优势，成为"基于平台智能的 C2M 大规模虚拟制造"典型代表，为企业探索数字化转型提供了参考路径，也代表着未来制造业的方向。

2. 傲基科技

傲基科技是自有品牌模式的跨境出口电商企业，公司打造了 Aukey、Tacklife、Aicok、Homfa 和 Naipo 等科技消费品领域的品牌，主要通过亚马逊、eBay 等第三方平台及自营平台销往欧美等市场，在目标市场取得了一定的知名度和认可度，逐步成为全球科技消费品领域知名品牌商。2020 年 11 月，获批商务部第二批数字商务企业。

（1）主要做法

一是构建差异化自有品牌矩阵。傲基科技实行以科技消费类为主的"多品牌、多品类"战略，形成了丰富的品牌矩阵和产品线。公司产品分为品牌类（自有品牌）、综合类（其他品牌）两大类，同时每类可分为科技消费类、家居类、其他类三大细分类型（见表 5 - 1）。

表 5 - 1 傲基科技品牌生态链

类型	类别	重点品类	代表品牌	销售渠道	供应链生态
品牌类	科技消费类	3C 数码、电动工具	Aukey、Tacklife	以亚马逊平台为主，面向欧美等发达国家和地区	采用"自主研发设计 + 外协加工生产"模式，选择国际品牌代工厂出口量排名前十的企业作为合作伙伴，以战略入股方式与部分工厂围绕产品研发深化合作
	家居类	智能家电、智能家居	Aicok、Homfa		
	其他类	大健康	Naipo		
综合类	科技消费类	以国内其他品牌高性价比商品为主	—	以"第三方主流平台 + 自建小语种独立站"为主，覆盖美国、加拿大、澳大利亚、欧洲、中东、巴西等全球 200 多个国家和地区	采用"泛供应链 + 严选"模式，精选品类内排名靠前的工厂作为合作伙伴，以协议或参股方式深度合作，或采取买断式采购优化上游供应链
	家居类				
	其他类				

二是重视科技研发。傲基科技十分重视培养自主创新研发能力，采取"自主研发 + 投资海内外企业联合研发"双轮驱动模式。研发团队研究前沿设计趋势、结构设计、电子研发、模具设计，培养自主创新能力和建立自主知识产权保护机制，形成产品竞争优势

与技术竞争优势。产品中心工程师根据欧美市场需求大数据、品牌定位设计外形和功能，并申请专利及专业认证，使产品具有品牌差异化竞争优势。截至 2019 年 3 月底，在境内外累计获得产品技术创新专利 398 项、软件著作权 93 项，产品多次获德国红点设计奖、iF 设计奖等国际奖项。

三是自研数字化供应链系统。通过自研的 ERP 系统"佰易"，傲基科技实现了供应链、物流、销售、关务、税务、财务等各环节的数据化运营，进一步发挥供应链优势，能够同时管理 30 多个渠道，日均处理订单 10 万笔。目前，公司已在美国、英国、德国、捷克等地，布局多个前置仓储中心，佰易系统帮助傲基科技实现了仓储物流作业管理、协调控制以及决策支持方面的全程数据化管理。

（2）案例分析

傲基科技借助成熟平台铺货运作模式起家，后来不断加大自有品牌建设，将"用户需求导向和数据化指导"作为核心要素，以匠心的精神专注产品研发，并不断提升自主创新能力，逐步形成产品竞争优势、技术竞争优势和品牌差异化竞争优势，逐步实现从"平台型"跨境电商向"品牌型"跨境电商转型。

（3）案例启示

随着国际市场竞争加速，以及全球跨境电商进一步发展，傲基科技加大自主创新研发和自有品牌投入，构筑差异化品牌壁垒，在跨境"新基建"驱动下实现产品创新、营销创新和供应链创新，将中国智造精品和海外消费者紧密联系在一起，助力中国制造摆脱微笑曲线底部"低价缠斗"，为"中国制造"向"中国智造"升级提供了新路径。

3. 执御

执御成立于2012年，是一家专注出海的移动电商企业，经营消费品全品类，利用移动互联网创新和大数据应用，助力中国制造升级，将中国和全球的优质品牌、设计、产品输送到中东以及共建"一带一路"的国家和地区。旗下拥有Jollychic、MarkaVIP和Dealy三大购物平台，目前已经是中东装机量最大、海湾六国交易额最大的电商平台之一。2020年11月，获批商务部第二批数字商务企业。

（1）主要做法

一是利用差异化策略主攻新兴市场。中东市场人均收入高，轻工、日用、电子、服装等消费品基本依赖进口，电商市场潜力大。在执御重点发力中东市场之前，其本土电商平台Souq所售商品以电子产品等标品为主，另一家电商Namshi虽以时尚产品为主，但主要是Nike等欧美品牌，其他类目较少。随着中东市场的不断开放，国际流行时尚元素不断冲击，时尚商品逐渐成为稀缺品类，执御正是把握这一机遇，凭借主攻时尚女装迅速打入市场。

二是深度本土化运营。①组建本土化团队。执御将售前、售中、售后各业务团队从中国迁到中东市场，在迪拜建立专业市场营销团队，在约旦建立呼叫中心，在多地建设海外仓，海外机构90%为当地人，还与当地100多名网红开展密切合作。②持续提升用户体验。针对时尚类商品对时效要求较高的特点，执御要求供应商在接单后 36 小时内发货，商品到达执御集货仓后 24 小时内发出，以空运的形式送达消费者手中。在持续丰富在线商品数量和类目的基础上，围绕商品本土化，注重结合本土特色进行改良，例如研发了具有时尚元素的中东长袍服饰等。

三是自主研发"数据大脑"。利用自主研发"数据大脑"，实时收集、分析海量互联网数据，并利用 AI 技术精准匹配用户需求和供应链，实现智能备货、自动上架、精准销售等功能，为自动化、智能化经营提供数据化解决方案和高效决策支持，不断满足消费者高频次、碎片化、个性化的购物需求，实现数据驱动的供应链管理模式。

四是"数据大脑 + 资深买手团队"模式推动高效运转。执御组建"资深买手 + 专业招商"团队，资深买手团队了解目标市场的风俗习惯和购物偏好，专业招商团队针对国内产业带定期开展招商会，建立了连接市场需求与优质商品的协作机制；"数据大脑"与资深买手团队配合，在企业运转效率及产品丰富度方面达到较好的平衡，保证了较高的动销率。

（2）案例分析

以"一带一路"倡议为契机，执御充分发挥"走出去"的主体作用，以时尚女装为切入口，差异化、本土化的策略使其在中东市场迅速打开局面。随着海外市场拓展逐步深入，执御打造了系统自动化经营、大数据支持经营决策的高度智能化商业体系，成功实现从"投资驱动"向"数据驱动"转型。正是凭借"差异化、本土化、数据化"三大利器，执御成功立足中东市场，引领区域电商高速发展。

（3）案例启示

执御作为"一带一路"倡议的践行者，依托互联网创新，将新模式、新技术应用到新市场，构建了高度智能化的跨境零售新生态，成功把中国优质品牌商品输送到海外市场，助力中国制造数字化转型升级，为跨境电商企业出海树立了新标杆。

参考资料

柴丽芳：《论跨境电商对传统国际贸易的影响》，《中国管理信息化》2018 年第 4 期。

陈龙：《"数字控制"下的劳动秩序——外卖骑手的劳动控制研究》，《社会学研究》2020 年第 6 期。

杜宇霞、张真：《浅析跨境电商的发展对我国国际贸易的影响》，《对外经贸》2018 年第 1 期。

马长山：《深入探索数字时代的法学命题》，《咸阳日报》2020 年 3 月 9 日，第 A03 版。

彭剑锋：《长期价值主义企业家的一场修行》，《企业管理》2020 年第 1 期。

王乔、卢鑫：《"十九大"全球治理观影响下的中国国际贸易治理机制变革》，《理论探讨》2018 年第 1 期。

王新道：《探析数字经济的特征与未来发展趋势》，《中小企业管理与科技（上旬刊)》2020 年第 6 期。

王一鸣：《数字经济将开启下一轮经济周期》，《北京日报》2020 年 6 月 29 日，第 9 版。

王益民：《"十四五"时期数字政府建设新趋向》，《学习时报》2020 年 12 月 21 日，第 7 版。

向东：《在数字政府建设中深化政务公开　助力推动国家治理体系和治理能力现代化》，《中国行政管理》2020 年第 11 期。

许海晏：《城市批发市场疏解升级研究》，经济日报出版社，2017。

杨晓丹：《智能手机的发展与微信的"前世今生"》，《商场现代化》2015 年第 26 期。

张倩：《基于电子商务环境下的国际贸易创新》，《中国商论》2018 年第 1 期。

朱岩：《数字消费引领经济转型升级》，《中国工业报》2019 年 7 月 3 日，第 2 版。

图书在版编目（CIP）数据

中国数字商务发展报告. 2021 / 王开前主编. －－ 北
京：社会科学文献出版社，2021.8
ISBN 978 - 7 - 5201 - 8916 - 3

Ⅰ.①中… Ⅱ.①王… Ⅲ.①电子商务 - 研究报告 -
中国 - 2021 Ⅳ.①F724.6

中国版本图书馆 CIP 数据核字（2021）第 169648 号

中国数字商务发展报告（2021）

主　　编／王开前
副 主 编／贾国勇　付　诚　杨　杰　王　静
执行主编／李正波　李鸣涛

出 版 人／王利民
组稿编辑／恽　薇
责任编辑／孔庆梅　胡　楠
责任印制／王京美

出　　版／社会科学文献出版社·经济与管理分社（010）59367226
　　　　　地址：北京市北三环中路甲 29 号院华龙大厦　邮编：100029
　　　　　网址：www.ssap.com.cn
发　　行／市场营销中心（010）59367081　59367083
印　　装／三河市尚艺印装有限公司

规　　格／开　本：787mm×1092mm　1/16
　　　　　印　张：14.5　字　数：155 千字
版　　次／2021 年 8 月第 1 版　2021 年 8 月第 1 次印刷
书　　号／ISBN 978 - 7 - 5201 - 8916 - 3
定　　价／98.00 元